RICHARD VON SANKT-VICTOR
DIE DREIEINIGKEIT

CHRISTLICHE MEISTER
Band 4

RICHARD VON SANKT-VICTOR

DIE
DREIEINIGKEIT

JOHANNES VERLAG EINSIEDELN

Erstauflage 1980
Übertragung und Anmerkungen
von Hans Urs von Balthasar

3. Auflage 2022
© Johannes Verlag Einsiedeln Freiburg
Alle Rechte vorbehalten
Druck: Stückle, Ettenheim
ISBN 978 3 89411 202 8

INHALT

VI. Buch: DIE NAMEN DER PERSONEN

EINLEITUNG

Das zwölfte Jahrhundert

Der durchschnittliche deutsche Leser, gerade auch der gebildete, liest aus der zweitausendjährigen christlichen Tradition — bestenfalls — nur Bücher, deren Autorennamen ihm von irgendwoher schon vertraut sind. Zum Beispiel die "Bekenntnisse" des hl. Augustinus, vielleicht ein wenig Eckhart, weil man soviel von ihm redet, die "Nachfolge Christi" oder (leider) die Visionen der Katharina von Emmerich. Auch nur die höchsten Gipfel christlicher Literatur kennen zu lernen, fühlt er meistens kein Bedürfnis, sie scheinen ihm vielleicht den ihn brennenden Fragen zu entrückt, über die er (meist vergeblich) in der seichten Massenproduktion der Gegenwart Aufschluß zu erhalten sucht. Wieviel ihm durch diese Unkenntnis der lebendigen Verbindung zwischen der Zeit Jesu und der unsern entgeht: die konkrete Lebendigkeit der kirchlichen Überlieferung mit ihrer unermüdlichen Kontemplation und immer tiefern Erforschung des Glaubens, ist ihm nicht oder kaum bewußt. Versuche, das Wichtigste der großen Tradition zu erschließen, begegnen seit der Aufklärung ungefähr, aber deutlich zunehmend, achselzuckender Gleichgültigkeit. Dennoch dürfen solche Versuche nicht resigniert aufgegeben und die Denkmale der lebendigen Überlieferung nicht einer kleinen Truppe von historisch interessierten Spezialisten überlassen werden.

Vielleicht das fruchtbarste aller christlichen Jahrhunderte, was lebendige Meditation des Glaubens betrifft, ist das zwölfte[1], das einer blühenden Frühlingswiese mit schier unzähligen und diversesten Blumen gleicht. Von Anselm und seinem Kreis (Eadmer) waren die ersten Anregungen ausgegangen, Bernhard war gefolgt und ihm noch eine große Schar von Jüngern und Freunden wie Wilhelm von St. Thierry, Philipp von Harweng, Aelred von Rievaulx, Isaak von Stella, Balduin von Bonneval. Daneben standen zwei große und selbstbewußte deutsche Gestalten, Einzelgänger, die bedauerlicherweise dem Bewußtsein der Deutschen fast ganz entschwunden sind: Rupert, der geistesmächtige Benediktinerabt von Deutz, der ein gewaltiges Werk hinterlassen hat, und der Augustiner-Chorherr Gerhoh von Reichersberg, der kraftvolle, zuweilen polternde Eiferer für die Reform der Kirche. Daneben stehen mehr humanistisch gebildete, in etwa die Haltung eines Erasmus vorwegnehmende Gestalten wie Alanus von Lille, Johannes von Salisbury, Robert Grosseteste, was überleitet zu den mehr spekulativ arbeitenden und die Hochscholastik vorbereitenden Denkern wie dem tiefsinnigen Gilbert de la Porrée und dem genialisch flackernden Abaelard. Und schon doziert in Paris Petrus Lombardus, dessen Werk einen so mächtigen Nachhall haben sollte. Aber im Durchschnitt ist dieses vor-scholastische Zeitalter durch einen glücklichen Ausgleich zwischen Denken und Beten gekennzeichnet, das Wort "Spekulation" hat — wie sich bei unserem Autor noch zeigen wird —

---

1 Einen Überblick über das Jahrhundert gibt P.M.-D. Chenu, La théologie au XIIe siècle (Vrin, Paris 1957). Dazu G. Paré, A. Brunot, P. Tremblay, La Renaissance du 12e siècle. Les Ecoles et l'Enseignement (1933); Charles Homer Huskins, The Renaissance of the 12th Century, Meridian Books (Cleveland and New York, ¹²1967); Entretiens sur la Renaissance du 12e Siècle, sous la direction de M. de Gandillac et Ed. Jeauneau (Moulon, Paris-La Haye 1968), darin besonders Jean Chatillon, La Culture de l'Ecole de Saint-Victor au 12e siècle, S. 147–178. Für die monastische Spiritualität vor allem: Jean Leclercq, L'Amour des lettres et le désir de Dieu (Cerf, Paris 1957).

einen ganz andern Wertindex als etwa für uns: dieser liegt in der Mitte zwischen Nachsinnen und betrachtender Schau, die möglich wird aus einem durch Verinnerlichung erreichbaren "Beobachtungsposten" (specula). Man vergesse auch nicht, daß wie von der neu verlebendigten benediktinischen Überlieferung, den Neugründungen Bernhards und Norberts die früheren Impulse ausgingen, so bald darauf von Franz von Assisi und Dominikus jene, die im folgenden Jahrhundert ein neues, aber auf den Grundlagen, die das zwölfte Jahrhundert gelegt hatte, stärkstens aufbauendes Geschlecht von Heiligen oder heiligmäßigen Denkern erzeugten. Die zentrale Gestalt Bonaventuras führt vielleicht am deutlichsten fort, was das zwölfte Jahrhundert ausgezeichnet hatte: die gegenseitige Durchdringung von Gebet und Gedanke, die Einbergung aller schon errungener Geistesschätze in das neuaufgeblühte Charisma.

Eines der wichtigsten Zentren der Geistigkeit ist bisher noch nicht genannt worden: die vor den Toren von Paris liegende Abtei St. Victor.

Saint-Victor

Im 12. Jahrhundert war die Abtei der Regularchorherren St. Victor, nicht weit von der heutigen Sorbonne, von besonderer Strahlungskraft. Ihre dramatische äußere Geschichte kann hier nicht nachgezeichnet[2], aber ein Wort über die Gründung selbst soll gesagt werden.

Wilhelm von Champeaux, Schüler Anselms von Laon, lehrte an der Kathedralschule von Paris, von wo er sich,

---

2 Fourier-Bonnard, Histoire de l'Abbaye royale et de l'ordre des chanoines réguliers de Saint-Victor de Paris (Paris 1904–1908). Vgl. schon F. Hugonin, Essai sur la Fondation de l'Ecole de Saint-Victor de Paris (1854, in PL 175, XIV-XCIX).

des Streits mit seinem Schüler Abaelard müde, mit einigen Freunden zu einem eremitischen Leben nach St. Victor zurückzog. Der Humanist und Dichter Hildebert von Lavardin, Bischof von Le Mans, richtete an den berühmten Magister einen drängenden Brief, er möge, um sein Ganzopfer an Gott vollzumachen — denn mit bloßer Weltflucht sei es nicht getan — seinen Geist neu in den Dienst Gottes stellen[3]. Wilhelm entschloß sich daraufhin, St. Victor zugleich in einer streng klösterlichen Ordnung zu leiten (wovon der bekannte "Liber Ordinis"[4] uns eine anschauliche Vorstellung gibt, und Wilhelms Freundschaft mit dem hl. Bernhard die Nähe der von ihm eingeführten Disziplin zu der zisterziensischen erklärt) und es für die in Paris zahlreichen Studenten zu öffnen, also seinen früheren Vorlesungsbetrieb wieder aufzunehmen. Diese Synthese geht über den klösterlichen Humanismus des Jahrhunderts hinaus[5]. In diesem Zentrum, das auch von der Zusammensetzung seiner Insassen her kosmopolitisch war, finden andere berühmte Magistri eine Zuflucht — ein Robert von Melun, ein Petrus Comestor, und am Jahrhundertende der viel umgetriebene, zeitweise exkommunizierte Abt von St. Andreas in Vercelli und einflußreichste Kommentator der areopagitischen Schriften: Thomas Gallus. Im Refektorium wurden, neben vielen andern, Origenes, Augustinus und Gregor vorgelesen.

Von der enzyklopädischen Breite der viktorinischen Interessen gibt ein Hauptwerk des wichtigsten Gelehrten, Hugos, das Didaskalion, für lange Zeit die maßgebliche "ratio studiorum", eine Vorstellung. Kein Wissensgebiet, von der Theologie in all ihren Verzweigungen,

---

3 Ep. I, 1 (PL 171, 141–143).
4 1737 durch Martène und Durand in Antwerpen gedruckt.
5 Wie ihn meisterlich Dom Jean Leclercq, L'Amour des lettres et le désir de Dieu (Cerf, Paris 1957) geschildert hat.

über die Logik, die Ethik bis zur "Mechanik" (der aristotelischen "Technē") fehlt darin. Die enzyklopädische Tendenz wird von Richard in seinem "Liber Exceptionum" aufgegriffen, offenbar einem Buch von Auszügen (entweder Richards eigene Vorlesungsnotizen oder solche eines Schülers aus seinen Kursen)[6], worin abermals das gesamte Wissen der Zeit ausgebreitet wird. Sankt-Victor hat sicherlich einen Hang zum Schulhaften, bis hinein in die spirituelle, mystische Theologie. Aber die "mystischen" oder vielleicht besser "mystologischen" Schriften Hugos, Richards und anderer Viktoriner, mit im Hintergrund den Einflüssen der Väter, und zwar sowohl Augustins wie Dionysius', prägen doch die geistige Atmosphäre entscheidend mit und haben im ganzen mehr Beachtung gefunden als etwa der hier vorgelegte theologische Traktat[7]. In deutscher Übertragung ist neben den "Vier Stufen der heftigen Liebe" Richards nichts anderes vorhanden als das von Paul Wolff besorgte Buch: "Die Viktoriner, Mystische Schriften"[8]. Nun aber sind die Viktoriner, trotz ihrer Mystologie, keine eigentlichen Mystiker, Richard bedauert (in seinem "Benjamin minor") ausdrücklich, nicht aus eigener Erfahrung über die mystischen Zustände sprechen zu können. Was er gibt, ist eine "Höhen"- und "Tiefen"-Psychologie, eine vom neuplatonischen Aufstiegsdenken geprägte Anthropologie, wie dies am Jahrhundertende in anderer Weise Gottfried von St. Victor in seinem "Microcosmos" nochmals versucht hat[9]. Aber die

6 Ausgabe von J. Chatillon, in: Textes philosophiques du Moyen-Age (Vrin, Paris 1958).
7 Vgl. etwa die Bibliographie in den von Chatillon und Tulloch herausgegebenen Sermons et opuscules inédits von Richard (Desclée de Brouwer 1951).
8 Thomas-Verlag Jakob Hegner in Wien 1936.
9 Phil. Delhaye, Le Microcosmus de G. de St-Victor, 2 Bde (Textausgabe und theologische Studie), Fac. Théol. de Lille (Duculot, Gembloux 1951).

Atmosphäre der Abtei wäre nicht hinreichend erfaßt, würde nicht noch ein Element erwähnt, das gewiß auch die andern Kulturzentren der Zeit durchwaltet, aber hier merklich vorherrscht: das ästhetische. Hier haben hervorragende kirchliche Dichter geblüht, an erster Stelle der Meister der liturgischen Sequenz, Adam von St. Victor[10], gefolgt von Leonius und Gottfried. Bis in Richards Trinitätstraktat hinein wird sich dieses Ästhetische behaupten: bestimmte Proportionsverhält- nisse, die er immer wieder herauszustellen liebt, gelten ihm geradezu als Wahrheitsbeweis. Archard von St. Vic- tor wird, wie noch zu zeigen sein wird, das ästhetische Moment geradezu in den Mittelpunkt seiner Trinitäts- lehre stellen. Das Moment lag, in verschiedener Dichte, in seinen Quellen: bei Augustin, bei Boethius und durch- aus auch bei Anselm. Es liegt in der ganzen Luft, die Richard in der Abtei atmet, und obschon er ein aszeti- scher, eher pessimistischer, in mancher Hinsicht fast überstrenger Gottesmann gewesen zu sein scheint[11], zahlt er der geistigen Welt, in der er lebt, seinen Tri- but.

Richard und sein Trinitätstraktat

Während Hugo Sachse war — sein Oheim war Bischof von Halberstadt — und seinem Lehrer Wilhelm von Champeaux nach St. Victor gefolgt war, wo er 1133 die Leitung der Studien übernahm, ist Richard Schotte, kam als junger Student nach Paris und trat in St. Victor ein. Nach Hugos Tod übernahm er seinen Platz in der Studienleitung, 1159 wurde er Subprior, 1162 Prior; er starb am 10. März 1173.

10 Sämtliche Sequenzen (München 1955).
11 J. Ribaillier, Richard de St-Victor, Opuscules théologiques (Vrin, Pa- ris 1967) 8 f.

Sein Werk[12] ist weitverzweigt, um nicht zu sagen disparat. Ist er durch seine erwähnten mystologischen Schriften und sein Buch über die Stufen der Liebe am bekanntesten geblieben, in denen er schwindelhafte Aufschwünge von der schlichten Betrachtung zu ekstatischer Gottesschau schildert, so umfaßt sein Gesamtwerk neben den genannten enzyklopädischen Schriften auch solche über Fragen der Moraltheologie, über die Binde- und Lösegewalt, mehrere Schriftkommentare (darunter einen ausführlichen über die Apokalypse), Allegorien über biblische Themen, schließlich sein Hauptwerk, den Trinitätstraktat, der vermutlich ein Alterswerk ist, und dem ein kleines Opusculum "Wie der Heilige Geist die Liebe des Vaters und des Sohnes ist" vorausgeht, dessen Lehre nicht vollkommen mit dem Trinitätsbuch übereinstimmt — weshalb es Richard zuweilen abgesprochen wurde —, das aber doch, wie J. Ribaillier gezeigt hat, mit ihm in Einklang gebracht werden kann[13].

Wir wenden uns nun dem Werk über die Trinität zu. Obschon Richard in einer nie verleugneten großen Tradition steht, die deutlich auf ihn abgefärbt hat — insbesondere Augustinus, Gregor, Anselm, Hugo, denen er manches verdankt, während er sich mit Boethius, Abaelard, Gilbert, Lombardus in verschiedenen Graden polemisch auseinandersetzt —, ist er sich durchaus bewußt, neue Wege zu beschreiten. Dies gilt auch von seinem Mitbruder Achard von St. Victor, dessen Trinitätstraktat (wenigstens bruchstückhaft?) neulich wiedergefunden worden ist[14] und sicher früher als das Werk Richards

12 Größte, wenn auch unvollständige Sammlung in PL 196; wichtige Ergänzungen aufgeführt von Chatillon, Sermons etc. XVf.
13 Opuscules 157—161.
14 M.-Th. d'Alverny, Achard de Saint-Victor, De Trinitate. De Unitate et pluralitate personarum, in: Rech. Théol. anc. et méd. XXI (Juli-Dez. 1954) 299—306.

verfaßt worden ist. Der formale Aufbau beider Traktate ist, wie nochmals Ribaillier nachgewiesen hat, sehr ähnlich, aber die inhaltlichen Divergenzen sind um so größer.

Richards Werk[15] ist in sechs Bücher zu je fünfundzwanzig Kapiteln eingeteilt, der Aufbau ist klar: das erste Buch handelt von der Existenz des einen Gottes, das zweite von seinen Attributen wie Ewigkeit, Unendlichkeit, Einfachheit. Mit dem dritten Buch beginnt die trinitarische Frage: Wahres Gutsein fordert eine Dreiheit von Personen in der Einheit der Substanz. Daß diese Dreiheit sich mit der Einheit verträgt, zeigt das vierte Buch. Das fünfte handelt von den verschiedenen Hervorgängen in Gott, das sechste von den göttlichen Namen. Am Ende des fünften Buches scheint Richard abzuschließen, das sechste wird wohl später hinzugefügt worden sein. Das Ganze dürfte aus Vorlesungen hervorgegangen sein, was gewisse Wiederholungen und (im sechsten Buch) einen Mangel an Ordnung erklärt.

Der Verfasser, der wie sein ganzes Jahrhundert unter dem entscheidenden Einfluß Augustins steht, hat aber, wie gesagt, gerade in diesem Werk das Bewußtsein, neue, bisher unbegangene Wege zu gehen. Die Methode,

---

15 Die kritische Ausgabe stammt von J. Ribaillier, Richard de St-Victor: De Trinitate (Vrin, Paris 1958). Eine zweite Ausgabe mit hinzugefügter Übersetzung stammt von G. Salet S.J. (Sources Chrétiennes 63, 1959); sie ist zunächst nach Migne unter Benützung des ältesten Manuskriptes (Maz 769, Ende 12. Jahrhundert), das neben einem andern Ms. von Msgr. F. Guimet kollationiert worden war, gearbeitet, hat zuletzt noch aus Ribailliers Ausgabe Nutzen gezogen. Beide Ausgaben sind mit reichem Vorwort und vielen Anmerkungen mit Parallelstellen versehen. Wir haben daraus für unsere Übersetzung, die keine wissenschaftlichen Ansprüche stellt, nur das Nötigste entnommen. Bisher einzige größere Studie über das Werk: A.M. Ethier, Le De Trinitate de Richard de Saint-Victore (Paris—Ottawa 1939). Vgl. aber auch das kenntnisreiche Kapitel "Zur Trinitätslehre Richards von Sankt Viktor" in: Walter Simonis, Trinität und Vernunft, Frankfurter theol. Studien 10 (Knecht, Frankfurt 1972) 93—114.

sie zu beschreiten, übernimmt er von Anselm, der aber selber in seinem "Monologion", was die Trinität angeht, inhaltlich im Banne Augustins bleibt. Diese Methode ist die einer vorläufigen Ausklammerung der Schrift und der Väterautoritäten, um so mit der freilich vom Glaubensinhalt ausgehenden und vom Glaubenslicht erleuchteten Vernunft die "rationes necessariae" für den Glaubensinhalt zu finden. Richards Text ist voller Formeln, die diese Methode immer neu einprägen und umschreiben, ohne daß man im geringsten hier eine rationalistisch-apriorische Deduktion des Trinitätsgeheimnisses aus der bloßen Vernunft vermuten dürfte; wie bei Anselm geht es um die "fides quaerens intellectum". Augustin hatte eine rationale Stütze zum Verständnis des Mysteriums vor allem in der "trinitarischen" Struktur des menschlichen Geistes, in der Trias Gedächtnis-Verstand-Wille (Liebe) gesucht, entsprechend seinem Ausgehen von der Einheit der göttlichen Substanz. Anselm war ihm darin gefolgt. Achard möchte vom Gedanken der Schönheit Gottes aus zu beweisen suchen, daß in Gottes Einheit harmonische Proportionen bestehen müssen — ein Gedanke, den Richard an seiner Stelle durchaus bejahen und einbauen wird. Aber sein Ausgangspunkt ist ein anderer: Wo, wie in Gott, vollkommene Güte und Liebe herrschen muß, ist eine Gegenseitigkeit unentbehrlich. Den Anstoß, diesen Gedanken zum Systemprinzip zu erheben, hat ohne Zweifel ein Satz Gregors des Großen gegeben: daß Liebe (dilectio) zum andern hinstreben muß, um (christliche) Caritas genannt werden zu können; niemand hat, nach dem üblichen Sprachgebrauch, Caritas zu sich selbst[16].

16 Hom 17,1 in Evang. (PL 76, 1139). Dazu die erhellenden Studien von F. Guimet, Note en marge d'un texte de Richard de Saint-Victor, A.H.D.L.M.A. XIV (1943—1945) 376; ders., Caritas ordinata et amor discretus, R.M.A.L. IV (1948) 225—236.

Gewiß hat Augustin in seinem Trinitätstraktat schon formal entwickelt, daß Liebe einen Liebenden, einen Geliebten und ein Band zwischen ihnen voraussetzt, und im Johanneskommentar die Liebe zwischen drei Freunden als eine "Spur der Trinität" bezeichnet[17]. *Aber er hat sich gescheut, den Gedanken weiter auszuführen, um nicht den Verdacht eines Tritheismus in Gott aufkommen zu lassen. Hugo streift die Idee der gegenseitigen Liebe in Gott gelegentlich*[18], *und Achard erwähnt sie kurz als Alternative zu seiner Theologie, wohl unter dem Einfluß Richards*[19].

Die logische Durchführung des Gedankens ist ohne Zweifel das geistige Eigentum Richards, und seine Intuition kann nur aus der Schrift stammen, in der er Gregors Satz bestätigt fand, weil hier explizit und zentral die Caritas Gott zugeschrieben wird (1 Joh 4,8.16). Er ist sich der Schwierigkeit der Einführung solcher Gegenseitigkeit in Gott genau bewußt: die ganze Disposition und Durchführung seines Traktats zeugt davon. Ganz in augustinischer Tradition nagelt er zunächst zwei Bücher lang die absolute Einheit Gottes fest und verwendet weitere Bücher (vom vierten an), um die Identität der Substanz mit den personalen Beziehungen auszusöhnen. Man kann ihn also keinesfalls der Naivität zeihen, menschliche Intersubjektivität kritiklos auf Gott zu übertragen und damit einen großen, bedauerlichen Schritt hinter Augustin zurückgetan zu haben. Anderseits hätte er sich nie mit modernen Aussagen ausge-

---

17 tr 14 n 9; 39 n 5 (PL 35, 1508, 1684). Vgl. M. Nédoncelle, L'intersubjectivité humaine est-elle pour S. Augustin une image de la Trinité? in: Augustinus Magister I, 595 ff, wo weitere Texte Augustins angeführt sind, aber auch der Grund, weshalb sich Augustin gegen eine Einführung der Intersubjektivität in die Trinität sträubt.

18 J. Ribaillier, De Trin. 31.

19 G. Dumeige, Richard de Saint-Victor et l'idée chrétienne de l'amour (Presses Univ. de France 1952) 33—35.

söhnt, daß Christus den Vater nur als Mensch, nicht als Gottmensch mit Du hätte anreden können.

Daß Liebe sich zum andern hin ergießt, konnte Richard von Gregor lernen; seine wirkliche Originalität beginnt dort, wo er die Stellung dem Dritten, dem Heiligen Geist, im Leben der absoluten Liebe zuweist. Aller Gegenseitigkeit der Liebe zwischen Zweien — so meint er zeigen zu können — haftet immer noch ein verborgen-egoistisches Moment an, da jeder der beiden die persönliche Liebe, die er am eigenen Lieben und am Geliebtwerden durch den andern empfindet, diesem nicht mitteilen kann; erst wenn die zweieinige Liebe sich einem Dritten eröffnet und ihn an der Gegenseitigkeit selbstlos teilnehmen läßt, ist die Liebe vollkommene Caritas geworden. Personalistisches Denken wie das Dietrichs von Hildebrand (mit seiner Unterscheidung der Ich-Du- und der Wir-Stellung in der Liebe) und Heribert Mühlens (in seiner Theologie des Heiligen Geistes) haben Richards Intuition aufgegriffen und weiterentwickelt. Man kann auch sagen, daß in Richards Entwürfen der Genius der griechischen Theologie (und ihrem Einsetzen bei den göttlichen Personen) und der der westlichen Theologie (mit ihrem Einsetzen bei der einen Substanz) zu einer klar reflektierten Einheit gelangen. Aber aus moderner Sicht geht es hier nicht nur um formale Ausgleichsversuche, sondern um die Unumgänglichkeit, Gottes substantielle Einheit mit dem zusammenzusehen, was als höchste göttliche, im Wesen Gottes selber begründete und an seinem Wesen teilgebende Gabe dem begnadeten Menschen geschenkt wird: Glaube, Hoffnung, Liebe.

Nochmals: Richard ist sich der Gefahr eines Tritheismus so klar bewußt, daß er ihm jeden Riegel vorschiebt. Nicht nur die Substanz ist den Personen gemeinsam, sosehr, daß sie in ihr identisch sind; auch ihre geistigen

Akte, ihre Macht, ihre Weisheit, ihr Wille sind es. Man hat wohl mit Recht vermutet, Richard habe darauf so insistiert angesichts des gegen Gilbert de la Porrée vorgebrachten Verdachts des Tritheismus (vgl. DS 745). Wichtiger ist, daß er sich selbst gegen die später immer wieder gegen ihn vorgebrachten Einwürfe, er habe menschliche Verhältnisse in Gott projiziert, geschützt hat. Er weiß, daß jede "Person" (oder wie er zu sagen pflegt, jede "Existenzweise") in Gott identisch ist mit dem göttlichen Wesen, und daß sich die "Personen" durch nichts als ihre Weise des "Hervorgehens" unterscheiden. Im letzteren Punkt ist er, wie man feststellen kann, sogar radikaler als Thomas, der in Weiterführung des psychologischen Trinitätsschemas Augustins den Sohn aus dem Vater nach der Weise der Einsicht (als "Wort"), den Geist aus Vater und Sohn nach der Weise des Willens oder der Liebe hervorgehen läßt. Richard bleibt zur Unterscheidung der Personen bei der reinen Formalität der Hervorgänge. Der Vater ist die reine schenkende Liebe, der Sohn ist zugleich empfangende und schenkende Liebe, der Geist (der keine weitere Person hervorgehen läßt) ist die rein empfangende Liebe. Aber alle drei sind die eine und selbe Liebe in drei Seinsweisen, die unentbehrlich sind, damit in Gott überhaupt Liebe, und zwar, wie erfordert, höchste, selbstloseste Liebe sein kann.

Wenn wir nochmals auf die Methodenfrage zurückblicken, so ist neben Anselms Versuch, für die Glaubenswahrheiten "notwendige Gründe" und "klare Beweise" zu finden — die aber den Mysteriencharakter des Glaubensinhalts nicht antasten — noch eine andere Tendenz feststellbar, die mit dem vorhin Gesagten in Harmonie steht, und die gewiß von Richards großem Vorgänger Hugo stammt: die immer neue Berufung auf die "Erfahrung", "experientia". Diese empirische Erfahrung, von der alles menschliche Denken ausgeht, zeigt einerseits deutlich die Grenzen rationalen Schließens. Die zentrale Einsicht in das Wesen wahrhaft selbstloser Liebe — als Ich-Du wie als Wir — gewinnt Richard aus der mitmenschlichen "Erfahrung". Sehr bezeichnend ist auch, daß er, der sonst kaum die Schrift beizieht, sechsmal den Vers Röm 1,20 zitiert, wonach das Unsichtbare Gottes seit Weltschöpfung vom menschlichen Verstand in den geschaffenen Dingen angeschaut wird, was doch heißt, daß durch den Spiegel der Welterfahrung hindurch eine Sicht auf Gottes Geheimnis sich eröffnet. Wieder einen sich die beiden Methoden in den Worten "Spiegel" (speculum), Beobachtungsort (specula) und überlegendes Schauen (speculari).

Richards "Spekulation" über das innergöttliche Geheimnis ist die einzige überragende Leistung auf diesem Gebiet zwischen Augustins "De Trinitate" (399—419) und den Trinitätstraktaten von Bonaventura und Thomas, deren ersterer sich weitgehend an Richard anlehnt. Richard ist sich, wie gesagt, durchaus bewußt, etwas Neues zu sagen: im 3. Buch zumal, dessen Thema im 5. und 6. aufgegriffen und vertieft wird. Aber dieses Neue steht im Werk nicht isoliert da, es ist mit den mehr spekulativen Partien fest verbunden und darf keinesfalls davon gelöst werden. Die für den nichttheologischen Leser schwerer zugänglichen Kapitel, die sich um exakte Begriffsbestimmungen bemühen, mögen umständlich und wenig nutzbringend erscheinen, sie sind aber im Haushalt des Ganzen unentbehrlich, weil sie unermüdlich und allseitig die Verbindung zwischen der Einzigkeit Gottes und seiner Dreipersönlichkeit zu sichern und soweit als möglich zu erklären suchen.

Unsere Übertragung sucht vor allem leicht lesbar zu sein, hat deshalb die weitschweifige und umständliche Ausdrucksweise des Verfassers so gestrafft, daß der

Durchblick durch den Gedanken nicht unnötig getrübt wird und dabei doch keine wesentliche Nuance des Gedankens verlorengeht. Die beiden in Anmerkung 15 erwähnten Ausgaben von Ribaillier und Salet dienten als Grundlage. Die Anmerkungen wurden auf ein Minimum reduziert, da das Beibringen mehr oder weniger exakter Parallelen aus Patristik und Frühscholastik die Aufmerksamkeit nur vom Text abgelenkt hätte.

Die Dreieinigkeit

PROLOG

Mein Gerechter lebt aus dem Glauben: ein apostolisches wie ein prophetisches Wort: der Apostel sagt, was der Prophet vorausgesagt hatte: daß wer gerecht ist, aus dem Glauben lebt (Habac 2,4; Röm 1,17; Hebr 10,38; Gal 3,11). Wenn das wahr ist, nein: weil das wahr ist, müssen wir die Geheimnisse unseres Glaubens eifrig überdenken, sie oft betrachten. *Ohne Glauben nämlich ist es unmöglich, Gott zu gefallen.* Denn wo kein Glaube ist, kann auch keine Hoffnung sein. *Wer Gott nahen will, muß glauben, daß er ist und daß er denen, die ihn mit Ernst suchen, zum Belohner wird* (Hebr 11,6). Denn worauf sollte sich sonst die Hoffnung richten? Wo aber keine Hoffnung ist, kann auch keine Liebe sein. Wer wollte einen lieben, von dem er nichts Gutes erwartet? Durch Glauben also werden wir zum Hoffen gefördert und durch Hoffen gelangen wir zum Lieben. *Und wenn ich die Liebe nicht habe* (1 Kor 13,3), mag ich haben, was ich will, *es nützt mir nichts.* Was jedoch die Frucht der Liebe sei, das vernimmst du aus dem Mund der Wahrheit: *Wenn einer mich liebt, so wird er von meinem Vater geliebt werden, und auch ich werde ihn lieben und mich ihm offenbaren* (Joh 14,21). Aus Liebe also wird Kundgabe geschenkt, und aus Kundgabe Beschauung, und aus Beschauung Erkenntnis. *Wenn aber Christus, unser Leben, kundwerden wird, dann werden auch wir mit ihm in Herrlichkeit kundwerden, und dann werden wir ihm ähnlich sein,* denn dann *werden wir ihn sehen, so wie er ist* (vgl. Kol 3,4; 1 Joh 3,2). Du siehst also, von wo man ausgehen muß, um zum Ziel zu gelangen, siehst auch, über welche Sprossen man aufsteigt: vom Glauben durch die Vermittlung von Hoffnung zur Erkenntnis Gottes und durch diese zum ewigen Leben. *Das aber ist das ewige Leben,* sagt der Herr, *dich, den wahren Gott zu erkennen und den du gesandt hast, Jesus Christus* (Joh 17,3). Leben also ist die Frucht des Glaubens und die Frucht der Erkenntnis. Aus dem Glauben erwächst inneres Leben, aus der Erkenntnis ewiges Leben. Aus dem Glauben ein für die Zwischenzeit gutes Leben, aus der vollen Einsicht ein für die ewige Zukunft seliges Leben: so ist der Glaube Ursprung und Grundlage eines jeglichen Guten.

Wie eifrig müssen wir also in diesem Glauben sein, in dem alles Gute sich grundlegt und seine Festigung gewinnt. Aber wie im Glauben der Anfang alles Guten liegt, so wird in der Erkenntnis alles Gute zusammengefaßt und vollendet. Wir wollen uns also auf den Weg machen der Vollendung entgegen, und über die Sprossen, die uns zur Verfügung stehen, vom Glauben zur Erkenntnis eilen: uns anstrengen, soviel wir können, um auch zu verstehen, was wir glauben. Erinnern wir uns, wie sehr die Philosophen dieser Welt sich um eine solche Erkenntnis gemüht und wie weit sie es darin gebracht haben, und schämen wir uns, daß wir diesbezüglich hinter ihnen zurückstehen: denn *was von Gott erkannt werden kann, das ist ihnen kundgeworden* — wie der Apostel bezeugt —, *obwohl sie Gott, den sie erkannten, nicht als Gott anerkannten* (Röm 1,19.21). Sie haben ihn also wirklich erkannt. Was aber tun dann wir, die wir von der Wiege an den wahren Glauben überliefert bekamen? Die Liebe zur echten Wahrheit müßte doch etwas mehr in uns vermögen, als was in jenen die Liebe zum Eitlen vermochte; etwas mehr werden wir leisten müssen, wenn der Glaube uns lenkt, die Hoffnung uns zieht, die Liebe uns beflügelt. Wir dürfen uns nicht damit begnügen, Richtiges und Wahres über Gott zu glauben, müssen uns vielmehr, soweit es erlaubt ist und geschehen mag, bemühen, auch mit dem Verstand zu begreifen, was wir durch den Glauben halten. Wundern dürfen wir uns freilich nicht, wenn angesichts der Abgründe Gottes unser Geist trüb bleibt, der sich fast alle Augenblicke mit dem Staub irdischen Sinnens neu befleckt. *Schüttle den Staub von dir,* Jungfrau, *Tochter Sion!* (Jes 52,2). Sind wir Söhne Sions, dann stellen wir doch die hohe Leiter der Beschauung auf, nehmen wir uns Adlerschwingen, um damit das Irdische zu überschweben und uns zum Himmlischen zu erheben. *Schmecken wir die Wirklichkeiten des Himmels, nicht die der Erde, jene, wo Christus zur Rechten des Vaters sitzt* (Kol 3,1), folgen wir Paulus, der uns den Weg zeigt, der bis zu den Heimlichkeiten des dritten Himmels aufflog, wo er verborgene Worte vernahm, die dem Menschen zu sagen verwehrt ist (2 Kor 12,4). Steigen wir auf, in der Nachfolge unseres Hauptes. Denn er stieg ja zum Himmel, um unsere Sehnsucht zu reizen und nach sich zu ziehen. Christus stieg auf und Christi Geist stieg herab. Dazu sandte Christus uns seinen Geist, daß er unsern Geist ihm nach emporziehe; Christi Auffahrt war leiblich, die unsere sei geistlich! Wozu hätte er sonst als Lehrer und Führer für unsere Auffahrt den Geist gesandt? Doch gewiß, weil er einstweilen unsere geistliche Himmelfahrt wollte. Denn zur leiblichen Auffahrt, die uns einst zuteil werden soll, wird er selber leiblich erscheinen, in dem Fleisch, das er um unsertwillen annahm, nach dem Wort: *so wird er wiederkehren, wie ihr ihn habt zum Himmel fahren sehen* (Apg 1,11). Steigen wir also einstweilen im Geist und in der Erkenntnis dorthin auf, wo wir leiblich noch nicht hinkönnen.

Es darf uns aber nicht genügen, betrachtend im Geist zum ersten Himmel aufzusteigen. Vom ersten sollen wir zum zweiten, vom zweiten zum dritten empor. Wer sich vom Sichtbaren zum Unsichtbaren, vom Körperlichen zum Geistigen hinaufbetrachtet, dem begegnet als erstes der Gedanke der Unsterblichkeit, als zweites der Gedanke der Unverweslichkeit, als drittes der Gedanke der Ewigkeit. Drei Bereiche also: Unsterblichkeit, Unverweslichkeit, Ewigkeit. Der erste ist der Bereich des menschlichen Geistes, der zweite der des englischen Geistes, der dritte der des göttlichen Geistes. Der Menschengeist hat Unsterblichkeit als ein ihm rechtlich zustehendes Erbe; keine Zeit, keine Dauer kann ihm dieses entreißen. Denn ihm ist es gesetzt, immerdar in Glorie zu leben oder in Strafe zu dauern. Immer also, wenn dieser Geist sich an das Irdische und Vergängliche klammert, entfremdet er sich gleichsam seiner selbst und steigt unter sich hinab. Zum ersten Himmel aufsteigen heißt also für ihn nichts weiter als: zu sich selbst zurückkehren, das bedenken und tun, was seiner Unsterblichkeit, was ihm selber ansteht.[1] Die Unverweslichkeit dagegen liegt hoch über ihm, und einstweilen kann er sie nicht besitzen. Und doch kann er, was er jetzt nicht hat, sich durch Tugendverdienst erwerben. Zum zweiten Himmel aufsteigen heißt folglich für ihn: sich durch Tugend auf die unverwesliche Herrlichkeit vorbereiten. Die Engelgeister besitzen sie vorweg als ihr Erbe, sie haben durch das Verdienst ihrer Beharrlichkeit einen Zustand erlangt, den sie fortan nie mehr verlieren können. Der dritte Himmel aber gehört Gott allein; denn von ihm steht geschrieben, daß er *allein die Ewigkeit bewohnt* (Jes 57,15). Alles übrige kann, da es einmal zeitlich begonnen hat, eben deshalb nicht ewig sein, weil es nicht von Ewigkeit her war.

---

1 Häufiger Gedanke bei Augustin und vor ihm bei Gregor von Nyssa: der erste Schritt zum Aufstieg zu Gott ist die Einkehr in sich und das Wahrnehmen der Würde des Geistwesens. Aber Augustin pflegt vor einem Stehenbleiben beim eigenen "Selbst" zu warnen — transcende te ipsum —, denn die Tiefe des Ich ist nicht göttlich. So ist auch für Richard die Einkehr nur die erste Staffel des Aufstiegs zu Gott.

Es gibt aber dieses einzigartige, allen andern überlegene Geschenk: mit Flügeln der Beschauung sich bis zu diesem Himmel aufschwingen und die Augen des Geistes auf seinen Glanz heften zu dürfen.

Zum ersten Himmel haben wir durch unsere Wirklichkeit Zugang, zum zweiten durch die Möglichkeit unserer Tugend, zum dritten durch die Gnade, die unserem Geistgrund zuteil wird[2].

Zu diesem letzten Himmel also erhebt Christi Geist die geistlichen Männer, die eine besondere erleuchtende Gnade höher und voller als andere bestrahlt. Denn immer zu diesem Himmel erhebt uns der Geist, wenn uns durch Gnade der Beschauung etwas vom Ewigen einsichtig wird. Es soll uns also nicht genügen, Wahres von den ewigen Dingen zu glauben, da sich die Möglichkeit andeutet, sich durch das Zeugnis der Vernunft vom Geglaubten überzeugen zu lassen.

Geben wir uns nicht zufrieden mit der Erfassung des Ewigen durch den nackten Glauben, suchen wir eine solche durch innere Einsicht, falls wir zu der erfahrungshaften noch nicht zureichen.

Das sollte im Vorwort unseres Werkes gesagt sein, damit wir uns aufmerksamer, brennender unserer Arbeit zuwenden; denn wir meinen: echte Anstrengung ist bei solchem Unternehmen von großem Wert, auch wenn das schließlich Erreichte nicht all unsern Wünschen entspricht.

---

2 Die drei Begriffe "actualiter, virtualiter, intellectualiter" sind vieldeutig. Sie können die immer schon bestehende Wirklichkeit der Geistseele, dann ihre in Freiheit zu verwirklichende Möglichkeit, schließlich ihre durch die Gnade geschenkte vollendende Schau besagen; aber "virtualiter" enthält ebenfalls den Begriff der Tugend, durch die die besten Möglichkeiten der Geistseele sich erst aktualisieren, und mit "intellectualiter" ist eine Vollendung angezielt, die zwischen der höchsten Leistung des um die göttlichen Dinge (die Theologie) sich mühenden Geistes und einer von Gott frei geschenkten mystischen Beschauung in der Schwebe bleibt, wie dies im 12. Jahrhundert häufig der Fall ist.

I. BUCH
DIE GÖTTLICHE SUBSTANZ

I.

Wenn wir uns scharfsinnigen Geistes zur Erkenntnis erhabener Dinge erheben wollen, dann ist es von Vorteil, uns zunächst unsere gewöhnlichen Erkenntnisvermögen vorzustellen. Ich meine, wir erlangen auf drei Arten Erkenntnis von den Dingen. Manche sind uns durch die Erfahrung gegeben, andere werden durch denkendes Überlegen gewonnen, das Dasein noch anderer schließlich wird durch den Glauben als sicher verbürgt. Die zeitlichen Dinge nehmen wir mit der Erfahrung wahr, zur Erkenntnis der ewigen erheben wir uns teils durch Vernunftschlüsse, teils durch Glauben. In der Tat: einige Dinge, die uns zu glauben geboten sind, scheinen nicht nur die menschliche Vernunft zu übersteigen, sondern ihr geradezu zu widersprechen, solange sie nicht tief und eingehend durchforscht oder vielmehr durch göttliche Offenbarung ans Licht gestellt werden. Deshalb pflegen wir uns zu ihrer Erkenntnis und Aussage mehr auf Glauben als auf Spekulation zu stützen, mehr auf Autorität hin als auf Argument, nach dem Wort des Propheten: *"Wenn ihr nicht glaubt, kommt ihr nicht zur Einsicht"* (Jes 7,9)[1]. Aber hier ist wohl noch zu beachten, daß dieses Schriftwort uns die Einsicht nicht unbedingt, sondern nur bedingterweise abspricht, denn es sagt ja: Wenn ihr nicht glaubt, kommt ihr nicht zur Einsicht. Wer also *geübte Sinne* hat, braucht deshalb nicht an der Erreichbarkeit jener Wahrheiten zu verzweifeln, wenn er sich nur stark im Glauben weiß und bereit ist, an ihm unter allen Umständen standhaft festzuhalten.

---

1 Nach der Septuaginta und Vetus Latina, im Urtext: "Wenn ihr nicht glaubt, werdet ihr nicht überstehen."

II.

Das überaus Wundersame aber ist dies: daß wir alle, die wahrhaft glauben, nichts gewisser und mit mehr Beständigkeit festhalten als eben das, was wir glauben. Ist doch das unsern Vätern vom Himmel her Offenbarte durch Gott mit so vielen großen und außergewöhnlichen Zeichen und Wundern bestätigt worden, daß es wahrhaft Wahnsinn wäre, daran irgendwie zu zweifeln. Unzählige Wunder, und zwar solche, wie nur Gott sie wirken kann, erfordern den Glauben und gestatten kein Zögern; so gelten uns bei der Bezeugung oder auch Bestärkung jener Wahrheiten die Wunder als Beweisgründe, die Zeichen als Erfahrungstatsachen. Wollten doch die Juden darauf achten, die Heiden ihr Augenmerk darauf wenden! Mit gutem Gewissen werden wir diesbezüglich vor Gottes Richterstuhl treten können; werden wir ihm nicht mit Zuversicht sagen können: Herr, wenn hier Irrtum waltet, dann hast du selbst uns getäuscht; denn mit so vielen großen Zeichen und Wundern wurden diese Dinge unter uns bestätigt, daß nur du solche wirken kannst; auch wurden sie uns von ganz heiligen Männern überreicht und aufs glaubwürdigste bezeugt, wobei du selber mitwirktest, und durch *nachfolgende Zeichen das Wort* der Predigt *bekräftigtest* (vgl. Mk 16,20). Daher kommt es, daß die echten Glaubenden bereiter sind, für den Glauben zu sterben, als ihn zu verleugnen. Denn nichts wird mit mehr Sicherheit festgehalten, als was mit standhaftem Glauben erfaßt worden ist.

Gegenstand und Methode des Werkes:
Den Glauben an ewige Wirklichkeiten durch
"notwendige Gründe" bestärken.

III.

Wollen wir also die Dinge erkennen, von denen uns mit Grund gesagt wird: *Wenn ihr nicht glaubt, kommt ihr nicht zur Einsicht,* so müssen wir zwar durch den Glauben eintreten, dürfen aber nicht sogleich auf der Schwelle haltmachen, sondern müssen immer weiter ins Innere und Tiefere der Einsicht voraneilen und mit Eifer und Anstrengung dabei bleiben, um täglich etwas mehr von dem durch den Glauben Erfaßten zu begreifen. Volle Kenntnis, vollendete Einsicht: das ist dann das ewige Leben. Es zu erwerben ist höchster Nutzen, es zu betrachten höchste Freude. Hier liegt höchster Reichtum, dauerndes Entzücken; dies zu schmecken ist innerste Süße, dies zu kosten unendlicher Genuß.

Und gerade hiervon soll das vorliegende Werk handeln. Von Dingen, die uns die katholische Glaubensregel zu glauben vorstellt, und zwar nicht von allen, sondern nur von den ewigen. Die Geheimnisse unserer Erlösung, die sich in der Zeit abgespielt haben, die wir ebenfalls glauben sollen und entsprechend glauben, werden in diesem Werk nicht behandelt. Denn die beiden Kreise von Mysterien erfordern verschiedene Weisen der Behandlung.

IV.

Unsere Absicht in diesem Buch wird somit sein, soweit Gott es schenkt, für die Glaubensinhalte nicht nur wahrscheinliche, sondern notwendige Gründe beizubringen und die Glaubensvorlage zu sichern, indem ihre Wahrheit aufgeschlüsselt und auseinandergefaltet wird. Denn ich bin völlig überzeugt, daß es zur Erhellung aller Dinge, die Seinsnotwendigkeit haben, nicht nur wahrscheinliche, sondern notwendige Begründungen[2] geben muß, auch wenn sie einstweilen unserer suchenden Vernunft noch verborgen bleiben. Alle Dinge, die nach dem Wohlgefallen des Schöpfers in der Zeit ihren Anfang nahmen, konnten sein, konnten auch nicht sein: deshalb wird ihr Sein nicht so sehr durch Vernunftgründe angenähert als vielmehr durch Erfahrung erwiesen. Was aber ewig ist, kann in keiner Weise nicht sein; wie es niemals nicht war, so wird es mit Gewißheit auch niemals nicht sein, ja es wird immer sein, was es ist, und kann kein anderes oder nicht auf andere Art sein. Nun aber erscheint es völlig unmöglich, daß etwas notwendig Seiendes notwendiger Gründe entbehrt.

Bloß ist es nicht jedermanns Sache, solche Gründe aus dem tiefen und dunkeln Schoß der Natur zu schöpfen und die gleichsam einem geheimen Schatzhaus der Weisheit entführten allgemein verständlich zu machen. Vielen fehlt die nötige Würde dazu, andern die rechte Eignung, noch andern mangelt die Lust und der Fleiß; und an die Dinge, die wir womöglich stets vor Augen haben sollten, denken wir nur flüchtig und selten. Mit welchem Eifer, welchem Bemühen müßten wir ihnen

---

2 "rationes necessariae". Richard sucht im ganzen vorliegenden Traktat nach diesen "notwendigen Begründungen" und zeigt darin seine tiefe Abhängigkeit von Anselm von Canterbury. Aber schon bei diesem waren diese notwendigen Begründungen (die sogar von der Schriftoffenbarung provisorisch abstrahieren wollten) nicht eindeutig, sie bewegten sich zwischen Philosophie und Theologie, besser: sie nahmen die (schon durch ein theologisches Wissen genährte) Vernunft zuhilfe, um die innere Kohärenz der Glaubenswahrheiten besser ins Licht zu stellen. Bei Richard, der die rationalistisch klingenden Formeln Anselms sehr oft und schon beinah schematisch verwendet, tritt als Gegengewicht das Moment der (natürlichen, menschlichen) "Erfahrung" hinzu, von deren Evidenz aus er zu den Glaubenswahrheiten aufsteigt, weil ja der Mensch ein Bild und Gleichnis Gottes ist. Richard bleibt sich immer bewußt, daß Gott und sein trinitarisches Geheimnis für die menschliche Vernunft undurchschaubar bleibt (1, XX; 2, XX; 3, XXIV; 4, XIX), daß ferner die menschlichen Begriffe nicht hinreichen, das Göttliche auszudrücken (5, XX, XXII). Thomas (De Ver 14, 9 ad 1) billigt den Ausdruck "rationes necessariae" im Sinne Richards.

im Grunde obliegen, nach jenem Anblick uns sehnen, an dem aller Erwählten höchste Beseligung hängt! So meine ich, meine Zeit nicht verloren zu haben, wenn es mir vergönnt war, Eifrige ein weniges bei dieser Suche gefördert und Laue durch meine Anstrengung zu ebensolchem Bemühen gereizt zu haben.

V.

Vielemale habe ich gelesen, daß es nur einen einzigen Gott gibt, daß er ewig, ungeschaffen, unermeßlich ist, daß er allmächtig und der Herr aller Dinge ist, daß alles Seiende von ihm stammt, daß er überall weilt und überall ganz und nicht auf Orte verteilt ist. Ich habe über meinen Gott gelesen, daß er einig und dreieinig ist, einer in der Substanz und dreieinig in seinen Personen: das alles las ich, doch woher das alles begründet wird, das gelesen zu haben erinnere ich mich nicht. Ich las, daß in der wahren Gottheit nur eine Substanz ist, daß in der Einheit der Substanz mehrere Personen sind, jede von den andern durch ihr Eigentümliches unterschieden; daß da eine Person ist, die aus sich selber und von keiner andern her ist; daß da eine Person ist, die von einer einzigen her und nicht aus sich selber ist; daß da eine Person ist, die aus zwei andern Personen und nicht aus einer allein ist. Täglich vernehme ich, daß "nicht drei Ewige sind, sondern ein Ewiger; nicht drei Ungeschaffene, auch nicht drei Unermeßliche, sondern ein Ungeschaffener, ein Unermeßlicher".[3] Ich höre von den Dreien, daß sie nicht drei Allmächtige sind, sondern ein Allmächtiger; ich höre desgleichen, daß nicht drei Götter sind, sondern ein Gott, auch nicht drei Herren,

3 Das sogenannte Symbolum Athanasianum "Quicumque" (Denzinger-Schönmetzer 75—76) wurde in St. Victor fast täglich (und noch bis vor kurzem häufig) im liturgischen Stundengebet rezitiert. Richard wird es nachfolgend noch mehrfach zitieren.

sondern ein einziger Herr. Man lehrt mich, daß der Vater nicht gemacht noch gezeugt ist, daß der Sohn nicht gemacht, sondern gezeugt ist, daß der Heilige Geist weder gemacht noch gezeugt ist, sondern hervorgeht. Dies alles höre ich oder lese es oft, aber woraus dies alles begründet wird, das gelesen zu haben erinnere ich mich nicht. Über all dies gibt es eine Menge Autoritäten, aber nicht ebensoviele Erweise[4]; über all dies fehlen die Erfahrungen, und die Begründungen sind spärlich. Deshalb meine ich, wie ich oben schon sagte, etwas Sinnvolles getan zu haben, wenn ich diesbezüglich den Lernbegierigen ein wenig zu helfen vermag, auch wenn sie dadurch nicht völlig zufriedengestellt werden.

Von den drei Seinsweisen,
und der im vorliegenden Werk erforschten

VI.

Um nun unserem Gedankengang eine solide, unverrückbare Grundlage zu verschaffen, wollen wir von einer schlichten und durchsichtigen Wahrheit ausgehen, an der niemand rütteln, von der niemand abstehen kann. Alles, was ist oder sein kann, besitzt sein Sein entweder von Ewigkeit her oder hat in der Zeit angefangen. Ferner: alles, was ist oder sein kann, hat sein Sein entweder aus sich selbst oder von einem andern her. Somit lassen sich ganz allgemein drei Seinsarten unterscheiden. Jedwedes Seiende hat sein Sein entweder seit ewig und aus sich selbst, oder umgekehrt weder seit ewig noch aus sich selbst, oder als Mitte zwischen diesen beiden: zwar

---

4 "auctoritates": die Schrift, die Väter, die Credoformeln (darunter das angeführte "Quicumque"). Zuweilen zählte man dazu noch kirchliche Dekrete; Richard zitiert seiner Absicht gemäß sehr spärlich (Augustin: 3, X; Ps.-Hieronymus: 4,III; implizit Gregor den Großen: 3,II). Richard will die "auctoritates" durch "argumenta" (= "rationes") ergänzen und so ihre Stimmigkeit erweisen.

seit ewig, aber nicht aus sich selbst. Denn die vierte Möglichkeit, die dieser dritten entgegengesetzt zu sein scheint, ist innerlich unmöglich: nichts kann aus sich selbst sein, was nicht zugleich ewig ist. Denn was in der Zeit anfing, war vorher nichts, solange es aber nichts war, hatte es auch nichts und vermochte nichts, so hat es weder sich oder einem andern das Sein oder ein Können gegeben. Es hätte ja sonst gegeben, was es nicht hatte, und getan, was es nicht konnte. Daraus ersiehst du, wie unmöglich es ist, daß etwas aus sich selbst und dabei nicht ewig ist. Damit ist also das Obengesagte offenkundig bewiesen: es gibt nur drei Weisen zu sein.

VII.

Auszugehen ist von dem, was in keiner Weise bezweifelt werden kann; von den Erfahrungstatsachen her aber sind die Überlegungen anzustellen, was von den Dingen zu halten ist, die die Erfahrung übersteigen. Die Seinsweise, die nicht von ewig her und deshalb erwiesenermaßen auch nicht von sich selbst her ist, begegnet uns in vielfacher alltäglicher Erfahrung; unaufhörlich stellen wir fest, wie das eine verschwindet, das andere an dessen Stelle tritt, und wie das, was vorher nicht war, zu existieren beginnt. An Menschen, an Tieren erblicken wir das immerfort, Baum und Gras geben uns nicht minder tägliche Erfahrung davon. Und das gleiche wie im Wirken der Natur sehen wir an den Werken der Kunst. Tagtäglich stellen wir neu fest: es gibt Unzähliges, was nicht von Ewigkeit her bestand. Ein wenig Nachdenken aber findet, daß alles nicht ewig Bestehende unmöglich von sich selber hervorgebracht sein kann. Sonst müßte ja etwas in dem Augenblick sich das Dasein verliehen haben, als es noch gar nichts besaß und gar nichts vermochte; wie unmöglich das aber ist, muß jeder vernünftige Mensch einsehen. Allem in der Zeit Begonnenen ist somit gemein, daß es nicht seit ewig und somit, wie gesagt, nicht aus sich selbst ist. Damit ist das Nötige über die Seinsweise gesagt, an der wir nicht zweifeln können, weil wir sie im täglichen Umgang feststellen.

VIII.

Aber gerade von diesem Sein, das nicht von ewig und nicht aus sich selbst ist, erschließt die Vernunft ein Sein, das aus sich selbst und eben deshalb auch seit ewig ist; denn wenn nichts wäre, das aus sich selber ist, gäbe es auch nichts, woraus jene Dinge entsprungen sein könnten, die ihr Sein nicht aus sich selber haben noch haben können. Es muß deshalb etwas geben, was aus sich selber ist und somit, wie gesagt, von Ewigkeit ist. Sonst hätte es eine Zeit gegeben, da nichts war, und dann wäre auch von den künftigen Dingen nichts künftig gewesen, denn es hätte ja nichts gegeben, was sich oder andern den Anfang des Seins verlieh oder hätte verleihen können. Daß diese Annahme falsch ist, ist evident; die Erfahrung der seienden Dinge selber bezeugt es.

So erschließen wir aus den Dingen, die wir sehen, durch Überlegung jene, die wir nicht sehen; aus den vergänglichen die ewigen, aus den weltlichen die überweltlichen, aus den menschlichen die göttlichen: *Denn das Unsichtbare Gottes wird seit Erschaffung der Welt durch die geschaffenen Dinge hindurch verstanden und angeschaut* (Röm 1,20)[5].

---

5 Die Römerbriefstelle wird im folgenden immer wieder angeführt: sie enthält beide für Richard wichtigen Gedanken: Möglichkeit der Gotteserkenntnis durch die menschliche Vernunft, und dies ausgehend von menschlicher Welterfahrung.

IX.

Es kann aber nicht als unmöglich gelten, daß etwas von Ewigkeit her sein kann, ohne doch aus sich selber zu sein, gleich als müßte die Ursache immer zeitlich früher sein als die Wirkung, und alles aus anderem Entsprungene immer später sein als sein Ursprung. Sicher geht der Sonnenstrahl von der Sonne aus und zieht seinen Ursprung aus ihr; und doch ist er der Sonne gleichzeitig. Denn solange die Sonne war, strahlte sie aus und war keinen Augenblick ohne Strahl. Wenn aber das stoffliche Licht einen gleichzeitigen Strahl haben kann, weshalb sollte das geistige unnahbare Licht nicht auch einen ihm gleichewigen Strahl haben können? In der geschaffenen Natur lesen wir, was wir über die ungeschaffene Natur denken und annehmen sollen. Täglich nehmen wir wahr, wie durch das Wirken der Natur eine Existenz eine andere Existenz hervorbringt, eine Existenz aus einer andern Existenz hervorgeht. Soll es demnach in jener übererhabenen Natur keinerlei Naturtätigkeit geben, soll sie nichts vermögen? Wird jene Natur, die der unsrigen Frucht und Fruchtbarkeit schenkte, in sich selber fruchtlos verharren; sie, die andern die Kraft der Erzeugung gab, selber zeugungslos und steril bleiben? Aus solchen Erwägungen scheint es angemessen, daß in jener überwesentlichen Unveränderlichkeit auch ein Sein existiert, das nicht aus sich selber und doch von Ewigkeit ist.

Darüber aber werden wir an gegebener Stelle ausführlicher und schlüssiger handeln[6].

X.

Von diesen genannten zwei Weisen, seit ewig zu sein, und von allem Zugehörigen wollen wir in diesem Werk

---

6   Vgl. unten Buch 6, VI.

sprechen. Die zeitlichen Dinge, die zur dritten Seinsweise gehören, erwähnen wir nur insofern, als wir deren Erwägung für den Zugang zum Ewigen als notwendig oder nützlich erachten, entsprechend dem schon angeführten Wort des Apostels: *Das Unsichtbare Gottes wird durch die geschaffenen Dinge hindurch verstanden und angeschaut* (Röm 1,20). Wann immer wir durch Betrachtung des Sichtbaren zum Unsichtbaren uns aufschwingen: errichten wir da nicht eine Leiter, um auf ihr im Geist zu den über uns liegenden Dingen emporzusteigen? Das ist der Grund, warum in diesem Traktat unser ganzer Denkgang seinen Ausgangspunkt bei dem nimmt, was wir erfahrungshaft kennen. Unsere Absicht zielt also im folgenden auf die ewigen Dinge, die zeitlichen bilden dazu nur den Anlaß. Und beabsichtigt ist ausschließlich die Behandlung der beiden Seinsweisen, von Ewigkeit her zu sein.

Von der höchsten Substanz, die durch sich selber ist

XI.

Nunmehr soll ausführlicher über das aus sich selber seiende Sein gehandelt werden, das deshalb folgerichtig ein Sein von Ewigkeit sein muß. Es gehört aber zum Allergewissesten und, wie mir scheint, Unbezweifelbaren, daß in der riesigen Menge seiender Dinge und ihren so vielfach abgestuften Seinsgraden eine höchste Wirklichkeit existieren muß[7]. Als das Höchste von allem bezeichnen wir das, worüberhinaus nichts größer, nichts besser sein kann. Zweifellos ist aber die Vernunftnatur

---

7 Das von Thomas als "vierter Beweisweg" aufgegriffene augustinische "argumentum ex gradibus" (De Trin. VIII, 3,4—5). Auch bei Anselm (Monol. 1—4).

besser als die unvernünftige Natur. Infolgedessen muß eine Vernunftnatur die höchste von allen sein. Was aber in der Allheit der Dinge den höchsten Rang einnimmt, kann das eigene Sein nicht von einem ihm unterlegenen her empfangen. So muß es eine Substanz geben, die beides vereint: den höchsten Rang innezuhaben und aus sich selber zu sein. Oben wurde ja schon gesagt und bewiesen: Wäre sie nicht aus sich selber, so wäre ewig nichts, und es gäbe kein Entstehen und keine Abfolge der Dinge. So lehrt die Evidenz der erfahrenen Dinge, daß es eine aus sich seiende Substanz geben muß. Wäre keine aus sich selbst, so wäre auch keines der Wesen, die ihren Ursprung von anderswoher haben und nicht aus sich selber sein können. Also gehört die Substanz, die nur aus sich selber ist, zu jener Seinsweise, die von Ewigkeit her und anfangslos ist.

Die höchste Substanz ist einzig

XII.

Das von der höchsten Substanz Gesagte läßt sich noch anders beweisen. Sicher ist, daß in der Allheit der Wesen keines ist, das die Möglichkeit zu sein nicht entweder aus sich besitzt oder anderswoher empfangen hat. Was nicht sein kann, das ist auch in keiner Weise. Damit etwas sei, muß es vom Seinsmächtigen die Möglichkeit zu sein empfangen haben. Aus dem Seinsmächtigen also empfängt alles, was ist, das Sein. Ist aber alles von ihm abhängig, so hängt es selbst nur von sich selber ab und verdankt niemandem etwas als sich selbst. Wenn aber alles aus ihm ist, dann auch alles Wesen, alle Macht, alle Weisheit. Wenn alles Sein aus ihm ist, dann ist es selber das höchste Wesen; wenn alles Vermögen aus ihm ist, dann ist es das Höchstmächtige; wenn alle Weisheit, dann ist es das Höchstweise. Ist es doch unmöglich, mehr zu vergeben, als man hat. Wer die Weisheit hat, kann sie wohl als ganze vergeben, ebenso wie er sie als ganze behalten kann; du kannst aber nicht mehr Weisheit vergeben, als du selber hast. So muß also Der höchst weise sein, aus dem alle Weisheit entspringt. Wo aber keine vernunfthafte Substanz ist, dort kann auch keine Weisheit bestehen: nur einer vernunfthaften Substanz kann Weisheit innewohnen. So ist also die höchste Substanz auch vernünftig, und ihr wohnt höchste Weisheit ein. Und von dieser höchsten Substanz stammt jedes Wesen, jede vernünftige wie unvernünftige Natur. So ist auch der Seinsmächtige dasselbe wie die höchste Substanz. Wie also das Seinsmächtige nur aus sich selbst sein kann, so kann auch die höchste Substanz (die nichts anderes ist als Seinsmächtigkeit) ebenfalls nur aus sich selber sein. Somit steht fest, daß alles, was ist, von der höchsten Substanz her ist. Sind aber alle Wesen durch sie, so ist keines durch sich, außer sie allein. Und wenn von ihr alles Sein, alles Können, alles Haben stammt, so hat sie all ihren Besitz durch sich selbst. Deshalb wird diese Substanz mit Recht die ursprungshafte genannt, weil alles Seiende aus ihr seinen Ursprung gewinnt.

XIII.

Greifen wir nochmals den Satz auf, daß die höchste Substanz höchst machtvoll ist. Gewiß ist dabei, daß ihr Machtvollsein ihr von der Macht selbst zukommt, ihr Weisesein von der Weisheit selbst. Nun aber wurde gezeigt, daß sie alles, was sie hat, von sich selber her hat. Wenn sie also das, was sie hat, von der Macht selbst, von der Weisheit selbst hat, dann müssen Macht und Weisheit von ihr selbst ununterschieden sein. Denn da sie ohne Macht und Weisheit nicht mächtig und weise sein könnte, müßte sie das, was sie hat, nicht von sich, sondern anderswoher beziehen. Die Folge ist: wenn jene beiden identisch sind mit der höchsten Substanz, dann sind sie auch untereinander identisch.

XIV.

Und nun ist folgendes genau zu beachten: Ist die höchste Substanz dasselbe wie die höchste Macht, dann kann eine andere Substanz nicht ebenfalls höchste Macht sein. Sonst wären verschiedene Substanzen eine, und die eine wäre verschiedene, was völlig unmöglich ist. Du könntest einwenden: wenn aber eine verschiedene Substanz sich als höchst machtvoll erweisen würde, auch wenn sie nicht die Allmacht selbst wäre: wären dann nicht beide gleich mächtig, da jede höchst machtvoll wäre? Ich antworte ohne Zweifel und Zögern: Könnte die eine sich höchst machtvoll erweisen, ohne doch allmächtig zu sein, so wäre sie nicht gleichmächtig wie jene, die beides hat. Denn teils können, teils nicht können, was ein anderer vollständig kann, heißt nicht der Fülle der Allmacht, sondern nur der Teilnahme daran sich erfreuen. Es ist aber unvergleichlich größer und erhabener, die Fülle einer Sache zu besitzen, als daran nur Anteil zu erhalten. Daraus folgt klar, daß die ursprüngliche Substanz keinen Nebenbuhler haben kann, so wie oben folgte, daß nichts ihr überlegen sein kann.

XV.

Der ursprünglichen Substanz ist es somit wesenhaft eigen, allem überlegen zu sein, nichts Gleiches oder Höheres neben sich zu haben. Denn was die Substanz als solche kennzeichnet, das ist ihr auch wesenhaft. Wenn die ursprüngliche Substanz völlig zusammenfällt mit der Allmacht, dann gehört es zu ihrem Wesen, alles zu können und einen Mächtigern oder Gleichmächtigen neben sich auszuschließen. Fragen wir uns, ob sie einen weniger Mächtigen als Mitgenossen ihrer Substanz haben könnte. Doch wie sollte eine Substanz der ursprünglichen unterlegen sein können, wenn ihr wesenhaft mit dieser zusammen zukommt, einen Gleichen oder Überlegenen auszuschließen? Nach dieser Annahme würde die eine im Verhältnis zur andern, ja es würde jede im Verhältnis zu sich selbst überlegen und unterlegen, größer und kleiner sein. Somit ist es ausgeschlossen, daß die ursprüngliche Substanz einen Mitgenossen eigenen Wesens habe.

Gott ist substanzhaft wesentlich einer

XVI.

Durch diese Untersuchungen haben wir die Gewißheit gewonnen, daß alles Seiende von der höchsten und einzigen Substanz her ist und daß sie all ihren Besitz aus sich selber hat. Wenn aber alles von ihr her ist, dann auch die Gottheit selbst. Hätte sie nun aber diese einem andern gegeben und nicht für sich zurückbehalten, dann hätte sie einen, der ihr überlegen wäre, was doch nach dem Gesagten unmöglich ist. So hat sie also die Gottheit für sich behalten und besitzt sie. Wer aber die Gottheit besitzt, der ist Gott; und daß er Gott ist, das hat er kraft des Gottseins. Wenn aber die höchste Substanz darum Gott ist, weil sie das Gottsein besitzt, und alles aus sich selber besitzt, dann ist klar, daß die Gottheit nichts anderes ist als die höchste Substanz selbst. Deshalb konnte sie auch keiner andern Substanz verleihen, ich sage nicht: die Gottheit zu haben, sondern: die

Gottheit selber zu sein. Sonst hätte sie Ihresgleichen, was unmöglich ist.

Daraus folgt, daß das wahre Gottsein in der Einigkeit der Substanz liegt und die Einheit der wahren Substanz zum Wesen der Gottheit gehört, Gott ist mit Notwendigkeit der Substanz nach einer.

XVII.

Sieh nun, wie leicht wir von hier aus beweisen können, daß es nur einen Gott gibt. Daraus, daß er alles aus sich selber hat, folgt, daß das Gottsein nichts anderes ist als er selbst, denn sonst wäre ihm nachgewiesen, daß das Göttliche an ihm anderswoher stammt.

Das Gottsein selbst ist entweder unmitteilbar oder mehreren gemeinsam. Ist es unmitteilbar, dann gibt es nur einen Gott. Ist es mehreren gemeinsam, dann ist ihnen auch die Substanz gemeinsam, die mit dem Gottsein identisch ist.

Aber eine einzige Substanz kann nicht mehreren Substanzen gemeinsam sein, sonst wäre die eine und selbe viele, und die vielen wären eine, was offenkundig falsch ist.

Wird aber gesagt, sie sei mehreren Personen gemeinsam, dann muß nach dem Ausgeführten auch die Substanz gemeinsam sein, die nichts anderes ist als die Gottheit selbst. Demnach gibt es in der Gottheit mehrere Personen, aber nur eine Substanz. Ob man also nur eine oder mehrere Personen in der einen Gottheit ansetzt, auf jeden Fall ist Gott substantiell einer.

So gibt es denn nur einen einzigen Gott, der aus sich selbst und deshalb von Ewigkeit her ist. Und gemäß dem von der höchsten Substanz Bewiesenen, die ja eins ist mit ihm, ist alles, was er ist, aus ihm selbst, hat er alles, was er ist, aus sich selbst, und ist er eins mit der Macht und mit der Weisheit.

XVIII.

Sind aber Gottes Weisheit und Gottes Macht in jeder
Beziehung ein und dasselbe, dann liegt in der einen keine Vollkommenheit, die nicht ebenso unversehrt in der
andern läge. In seinem Wissen ist also nichts größer,
nichts besser als in seinem Können und damit auch in
seinem Sein, denn sein Können ist ja nichts von seinem
Sein Verschiedenes. Alles Beste und Vorzüglichste, was
in seiner Weisheit entdeckt und von ihr ausgesagt wird,
ist in ebensolcher unversehrten Fülle in seiner Macht
umfaßt, in seinem Wesen eingeschlossen. Denn wäre da
ein Gipfel der Vollkommenheit, der Gott in seiner Einsicht erreichte, den er aber in seiner Wirksamkeit nicht
einholen könnte, dann würde er sich offenbar in seiner
Weisheit großartiger erstrecken als in seiner Macht, und
wieder wäre ein und dieselbe Substanz größer und kleiner als sie selbst. Wenn Gottes Substanz, die identisch
ist mit ihrer Macht und Weisheit, sich der Weisheit nach
weiter erstreckte als der Macht nach, wenn sie das
könnte, dann wäre dieselbe Substanz, in bezug auf die
Macht an Weisheit größer als sie selbst, und ebenso in
bezug auf die Weisheit an Macht geringer als sie selbst.

Somit kann nichts über Gott selber erdacht, nichts
von ihm selber ersonnen werden, was größer und besser
wäre als Gott.

XIX.

Wenn also das göttliche Wissen nichts erfassen kann,
was vollkommener wäre als Gott, um wieviel weniger
könnte dann menschliches Wissen etwas ausdenken,
was größer und besser wäre als Gott! Denn was ein
Mensch in seinem Geist ersinnen könnte, das könnte
dem göttlichen Geist nicht verborgen bleiben. Wahnsinn

ist es, zu meinen, ein Mensch könne sich in seinen Gedanken über Gottes Sein erheben, da er doch unfähig ist, mit aller geistigen Anstrengung auch nur an das heranzureichen, was Gott ist. Je besser, je vollkommener etwas ist, woran menschliches Denken rührt, desto mehr nähert es sich dem, was Gott ist, ohne ihn doch je einzuholen.

XX.

Es scheint auf einer Art Naturgabe zu beruhen, daß fast alle Menschen, gelehrte und weniger gelehrte, üblicherweise und wie nach einer Regel alles, was sie für das Beste halten, spontan Gott zuschreiben. Und wenn einigen die Befolgung dieser Regel nicht durch Evidenz der Vernunft geboten scheint, so leitet sie doch die Frömmigkeit bedenkenlos dazu an. So bejahen auch solche ohne zu zögern einen Gott, der unermeßlich, ewig, unveränderlich, höchst weise, allmächtig ist, welche nicht wissen, wie man ihn beweisen kann. Ist es für die Gelehrten ein oberster Grundsatz, so ist es für alle ein den Herzen eingeprägter Gedanke, alles, was der Mensch als Wertvollstes einschätzt, Gott zuzuschreiben. Ja, auch große Lehrer nehmen nicht selten den Ausgang ihrer Beweisführungen von diesem tragfesten und gleichsam ins innerste Herz der Wahrheit eingesenkten Fundament her, wenn sie tiefer und erhabener von Gottes Eigenschaften handeln wollen.

All-Macht und All-Weisheit Gottes

XXI.

Daß Gott höchst mächtig ist, wurde genugsam gezeigt. Doch läßt sich noch fragen: Wird er deshalb höchst mächtig genannt, weil ihm keiner an Macht überlegen ist, oder deshalb, weil er alles kann und im eigentlichen Sinn allmächtig ist? Sprechen wir ihm aber die Allmacht ab, dann haben wir offenbar etwas zu denken vermocht, was größer als Gott ist. Dann ist es mehr, allmächtig zu sein, als eine noch so große Macht zu besitzen, der etwas von der Fülle der Allmacht abgeht. Und dies, was der Mensch sehr leicht einsehen kann, kann der göttlichen Weisheit nicht verborgen sein. Wenn Gott also einen Begriff von Machtfülle hätte, die er selbst nicht besitzen könnte, dann läge in seinem Wissen etwas Größeres als in seinem Können, die doch beide identisch sind mit seinem Sein. Wieder wäre demnach das eine und selbe Sein sowohl größer wie kleiner als es selbst, was durchaus sinnlos ist.

Darum folgt eindeutig, daß Gott all das kann, was zu können Ausdruck der Macht ist. Es wird ja oft von Können geredet, wo ein Nichtkönnen besser wäre als solches Können: verkümmern können, erliegen können, zerstört werden können, vernichtet werden können usf.: bei alldem ist natürlich Nichtkönnen besser als Können. Denn dies sind Anzeichen von Ohnmacht, nicht Auszeichnungen von Seinskraft. Gott kann also all das und nur das, was, wie gesagt, Ausdruck der Macht ist. Und wir heißen ihn um so richtiger und wahrer allmächtig, als wir von seiner Macht alle Anzeichen der Schwäche entfernen.

XXII.

Die gleiche Frage wie die an die Allmacht gestellte läßt sich auch an die Weisheit stellen. Heißt sie deshalb die höchste, weil keiner je tatsächlich eine höhere erreichen kann, oder ist sie so wahrhaft die höchste, weil sie in jeder Hinsicht unübertrefflich ist? Nun ist es aber gewiß, daß wo Allmacht herrscht, die Fülle der Weisheit nicht mangeln kann. Denn angenommen, Gott fehlte zur letzten Fülle der Weisheit etwas, das er nicht erlangen könnte, dann wäre er ohne Zweifel nicht allmächtig. Somit steht fest: Gottes Weisheit mangelt nichts, was irgendwie zum Wissen und zur Klugheit gehört, und durch dessen Hinzufügung er größer oder besser werden könnte.

Aus der Betrachtung der göttlichen Weisheit läßt sich also die Fülle seiner Allmacht erweisen, und umgekehrt erhellt aus der Betrachtung der Allmacht die Fülle der Weisheit.

XXIII.

Noch ein anderer Beweis für die erwähnte Fülle der göttlichen Weisheit läßt sich führen. Wer weise ist, ist es entweder aus der Fülle der Weisheit selber oder durch Teilnahme an der Weisheit; nun steht aber bereits fest, daß die Weisheit selbst identisch ist mit der göttlichen Substanz. Nur ein Unsinniger aber könnte sagen, Gottes Substanz besitze zwar die Weisheit (das heißt sich selber), doch nur zum Teil und zum andern Teil nicht; sie sei also unfähig, sich selber ganz zu besitzen. So unmöglich es also ist, daß Gottes Substanz sich nicht als ganze besitzt, ebenso unmöglich ist es, daß sie der Fülle der Weisheit entbehrt.

XXIV.

Auf entsprechende Art wird bestärkt, was oben von der Allmacht gesagt wurde. Wie jeder entweder durch die Fülle der Weisheit oder durch Teilnahme an ihr weise ist, so ist jeder durch die Fülle der Macht oder durch Teilnahme an ihr mächtig. Es ist aber unmöglich, daß etwas an sich selber teilhat.

Ist Gott also mächtig, dann nicht durch Teilnahme an der Macht, da doch die Fülle der Macht nichts anderes ist als er selber. Er ist also mächtig kraft der Fülle

der Macht. Wo aber Fülle der Macht herrscht, kann keinerlei Können ermangeln. Daraus folgt, daß der, dem
alles Können einwohnt, die Allmacht besitzt und wahrhaft allmächtig ist.

XXV.

Es ist jedoch unmöglich, daß mehrere allmächtig sind.
Wenn nämlich einer wirklich allmächtig ist, kann er
leicht erwirken, daß die andern alle nichts vermögen,
sonst wäre er nicht wahrhaft allmächtig. Was aber sind
das für Allmächtige, die so leicht zu Nichtmächtigen
werden! Sieh, wie leicht der Nachweis ist, daß es wesenhaft nur einen Allmächtigen geben kann. Daß dieser
Allmächtige Gott ist, ist uns schon deutlich geworden
und läßt sich nicht mehr in Zweifel ziehen. So wahr es
also nur einen Allmächtigen geben kann, ebenso wahr
ist, daß nur ein Gott existieren kann.

Damit ist erwiesen, was unser Glaube sagt und was
wir oben schon sagten: die wahre Gottheit verharrt in
der Einheit der Substanz und die Einheit der Substanz
in der wahren Gottheit. Wir haben bisher ausführlich
von der Einheit Gottes gehandelt; im folgenden wollen
wir einiges über die besondern Merkmale seines Wesens
entwickeln.

II. BUCH
VON GOTTES EIGENSCHAFTEN

I.

Nachdem das Nötige über die Einheit der Gottheit gesagt ist, wollen wir nunmehr einiges über die Eigenschaften seiner Natur ausführen, vor allem über jene, denen wir täglich beim Singen des Gotteslobes begegnen.

Unter diesen Eigenschaften werden einige vom Geiste leicht bejaht und spontan angenommen, auch wenn er nicht genau weiß, wie sie bewiesen werden können. Andern dagegen gäbe er seine Zustimmung nicht oder nur mit Bedenken, wenn ihn nicht der überlieferte katholische Glaube dazu anhielte. Denn daß Gott ungeschaffen, ewig, unermeßlich ist, das nimmt der Menschengeist unschwer entgegen und stimmt dem gerne zu. Daß es aber unmöglich mehrere Ewige, mehrere Unendliche gibt, würde er weniger leicht für wahr halten, wenn ihn nicht die Glaubensregel davon überzeugte, besonders weil der Glaube von Dreien spricht, deren Ewigkeit und Unendlichkeit alle Zungen bekennen.

Die Unerschaffenheit Gottes ist hinreichend besprochen worden und bedarf keiner neuen Erörterung. Wäre er nämlich geschaffen, so hätte er einen Schöpfer. Er aber, der nur aus sich selbst ist, kann keinen Schöpfer haben. Was heißt denn geschaffen, wenn nicht aus dem Nichts hervorgebracht sein? Aus dem Nichts aber konnte Der nicht hervorgehen, der niemals nichts war, weil er das Sein aus sich selbst und von Ewigkeit besaß.

Gottes Ewigkeit und Unendlichkeit

II.

Damit steht fest, daß Gott ungeschaffen ist, da er seit ewig ist und jedes Anfangs entbehrt. Nun kann man fragen, ob er, wie des Anfangs, so auch des Endes entbehrt und damit ein immerwährendes Sein hat. Denn das heißt immerwährend sein: keinen Anfang und kein Ende haben. Gehen wir von Sicherem aus, um das, was zweifelhaft sein könnte, zu beweisen. Ganz sicher ist, daß in der Weisheit, die Gott ist, nichts Falsches sein kann. Einer, der täuschen wollte oder getäuscht werden könnte, wäre ja nicht der Höchstweise. Gott ist somit wahrhaftig, und diese Eigenschaft kommt ihm zu aufgrund der Wahrheit. Die Wahrheit ist also mit Gott identisch; denn es läßt sich wahrhaft von ihm zeigen, daß er das, was er aufgrund der Wahrheit hat, aus sich selbst hat. Die Wahrheit aber war von jeher und wird immer sein. Von aller Ewigkeit her war es wahr, daß diese Welt sein konnte, und es wird in alle Ewigkeit wahr sein; denn wenn sie nicht sein könnte, wäre sie auch nicht. So war denn die Wahrheit seit ewig: denn durch sie galt als wahr, was seit ewig wahr gewesen ist; und so wird denn die Wahrheit auch in Ewigkeit sein, denn durch sie wird wahr sein, was auf ewig wahr sein wird[1]. Und wenn das, was immer wahr war und immer wahr sein wird, sein Wahrsein aus jener Wahrheit hat, die Gott ist, dann freilich muß die Gott-Wahrheit wie anfangslos so auch endlos sein. Immerwährend ist also Gott, da er ein immerwährendes Sein ohne Anfang und Ende hat.

III.

Da Gottes immerwährendes Sein feststeht, muß als nächstes gefragt werden, ob es auch unveränderlich sei. Man muß also wissen, daß alle Veränderung entweder von einem Zustand zu einem bessern oder zu einem schlechtern oder zu einem gleichwertigen Zustand hin

---

1 Ein besonders augustinischer Passus, vgl. etwa die "Bekenntnisse" VII, 10, 16. Anselm greift den Gedanken auf (De Verit. 1 und 10), später Thomas (C. Gent. 2,84).

erfolgt: sind alle drei ausgeschlossen, so herrscht wahre Unveränderlichkeit. Die angeführten Fälle sollen nun einzeln geprüft werden.

Wie soll zunächst einer, der allmächtig ist, sich zum Schlechteren hin verändern? Solche Minderung hieße Verderben. Wer aber allmächtig, ja die Allmacht selbst ist, kann von keinem Verderben befallen werden.

Wenn er aber keiner Minderung fähig ist: könnte er vielleicht wachsen? Jedoch alles, was wächst, muß irgendeiner Zunahme an Gutem fähig sein, so daß es sich bessert. Woher sollte Gott aber eine Steigerung des Guten empfangen, da er doch alles aus sich selbst hat und haben muß? Und wenn er das Gute schon vorweg besaß, wie käme er dann erst durch ein Wachstum dazu? Wenn er es aber vorweg nicht besaß, dann könnte er es weder sich selbst noch einem andern geben, denn er besaß es ja nicht. Man sicht also: Gott kann weder wachsen noch abnehmen.

So bliebe die Möglichkeit, daß er von einem Zustand in einen gleichwertigen überginge. Aber: wenn er von dem einen Zustand übergeht in einen andern, wenn auch gleichwertigen, dann muß er doch auf irgendeine Art dessen, was er hatte, verlustig gehen und zum Ersatz des Verlorenen etwas hinzugewinnen, was er ehedem nicht besaß. So wird er in einer einzigen Veränderung die beiden vorgenannten Veränderungen gleichzeitig erleiden, die sich beide als unmöglich erwiesen haben.

Er also, der nicht vermindert werden kann, ist unverweslich; der nicht verbessert oder sonstwie verändert werden kann, ist gänzlich unveränderlich. Und so hat Gott wahrhaft und unzweideutig ein unveränderliches Sein.

IV.

Diese drei Sätze zusammenfassend, können wir sagen: Gott ist nicht nur immerwährend, sondern wahrhaft ewig. Ewig und immerwährend ist nicht völlig dasselbe. Immerwährend wird man das nennen, was weder Anfang noch Ende hat; ewig, was außerdem über jede Veränderung erhaben ist. Auch wenn vielleicht keines ohne das andere erfunden wird, so lassen sich beide doch dem Wortsinn nach unterscheiden. Ewigkeit wäre demnach eine Dauer ohne Anfang und Ende und erhaben über jede Veränderung. Er aber, der unerschaffen und immerwährend ist, kennt weder Anfang noch Ende; und Er, dessen Zustand unveränderlich ist, bleibt jedem Wandel entzogen. Durch diese drei Stücke wird er als der Ewige erwiesen. Denn sie verleihen zusammen die Ewigkeit zu besitzen und ewig zu sein.

V.

Was weder Anfang noch Ende hat, ist gewiß unendlich. Man kann die Frage aufwerfen, ob Gott, der im Hinblick auf seine Ewigkeit unendlich ist, auch unendlich ist im Hinblick auf seine Größe.

Viel früher[2] haben wir gezeigt: Gottes Substanz ist identisch mit seiner Macht und mit seiner Weisheit. Mit dem gleichen Verfahren läßt sich nun auch zeigen, daß bei der Substanz, die all ihr Sein aus sich selber hat, die Ewigkeit, wodurch sie ewig ist, und die Größe, wodurch sie groß ist, nichts anderes sind als sie selbst. War also Gottes Ewigkeit unbegrenzt, dann ist unleugbar auch seine Größe unbegrenzt. Sonst wären wir wieder gezwungen zu sagen, daß die eine, identische Substanz größer und kleiner ist als sie selbst. Wäre ihre Ewigkeit

2 Buch 1, XII—XIII.

unbegrenzt, ihre Größe aber begrenzt, dann wäre die eine identische Substanz hinsichtlich der Ewigkeit größer als ihre Größe, das heißt als sie selbst, und hinsichtlich ihrer Größe kleiner als ihre Ewigkeit, das heißt als sie selbst. So ist klar: ist die eine unendlich, dann auch die andere. Gott hat also eine unbegrenzte und damit auch unermeßbare Größe.

Denn was unbegrenzt ist, kann von keinem Maßstab durchmessen werden. So heißt also Gott mit Recht unermeßlich, da seine Größe von keinem Maß erfaßt werden kann.

Nur Gott ist unermeßlich, ewig, ungeschaffen

VI.

Es scheint nun vernünftig, auch zu erwägen, ob es mehrere unermeßliche Wesen geben kann.

Unermeßlich ist, was von keinem Maß durchmessen werden kann. Ein Wesen ist unermeßlich, das keinem Maßstab angemessen und vergleichbar erfunden wird. Wenn man daher von mehreren Unermeßlichen redet, dann wird jeder von ihnen jedem andern inkommensurabel, somit auch jeder jedem andern unbegreiflich sein. Das Maß keines einzigen paßt auf das Maß irgendeines andern, somit übersteigt eines jeden Maß das Maß eines jeden andern. Die Folge ist, daß jedes einzelne Maß größer ist als alle andern, gleichzeitig aber auch kleiner. Wenn das unmöglich ist, besser: weil es unmöglich ist, kann es nicht mehrere Unermeßliche geben. Gesetzt jedoch, keiner von ihnen sei größer oder kleiner als einer der andern, dann wird jeder wie für sich selber so auch für alle übrigen erfaßbar und kommensurabel sein.

Aus diesen Erwägungen ergibt sich uns unzweifelhaft,

daß es unbedingt nur einen einzigen Unermeßlichen gibt und geben kann.

VII.

Fest steht: es kann nicht mehrere Unermeßliche geben. Sehen wir jetzt zu, ob es mehrere Ewige geben kann.

Wir haben bereits klar erkannt, daß die göttliche Substanz nicht etwas anderes ist als ihre Unermeßlichkeit, ihre Ewigkeit. Damit sind auch Unermeßlichkeit und Ewigkeit als untereinander identisch erwiesen. Wer somit Ewigkeit besitzt, kann der Unermeßlichkeit nicht ermangeln. Und wenn er als Ewiger der Unermeßlichkeit nicht ermangeln kann, ist er notwendig beides zugleich: ewig und unermeßlich. So folgt: Wenn es nicht mehrere Unermeßliche geben kann, dann auch nicht mehrere Ewige.

Hierbei ist nun sehr beachtlich und jeder Erwägung wert, daß einige der von uns gezogenen Schlüsse aus der Betrachtung der göttlichen Eigenschaft, die untersucht wird, gezogen werden, andere sich aus der Beziehung einer andern Eigenschaft zu der uns beschäftigenden ergeben. Daß nur ein Einziger unermeßlich sein kann, haben wir aus der Eigentümlichkeit des Unermeßlichen gefolgert. Daß es nicht mehrere Ewige geben kann, schlossen wir sowohl aus dem Besondern der Unermeßlichkeit selbst wie aus dem Verhältnis zwischen Unermeßlichkeit und Ewigkeit.

VIII.

Als sicheres Ergebnis steht fest: einzig die göttliche Substanz ist aus sich selbst, und alle übrigen Wesen stammen aus ihr. Alles aber, was aus ihr stammt oder stammen kann, ist Ergebnis entweder eines naturhaften [inner-göttlichen] Wirkens oder eines freien, gnädigen

Handelns [nach außen]³. Und so wahr es ist, daß die göttliche Natur nicht verkommen oder die Allmacht nicht verderben kann, ebenso wahr muß es sein, daß die göttliche Substanz in ihrem naturhaften Wirken nichts hervorbringen kann, was nicht Gott ist. Und es wurde genugsam gezeigt, daß Gott der Substanz nach nur einer sein kann. Von Gott, von seiner einzigen und einzigartigen Substanz kann also kein anderer Gott abstammen, aber auch nichts anderes, das nicht Gott wäre. Somit steht fest, daß alles Nicht-Göttliche, was aus ihm stammt, auf seinem freignädigen Wirken beruht.

Alles aber, was nicht aufgrund einer Forderung seiner Natur, sondern durch sein gnädiges Wirken aus ihm hervorgeht, konnte zwar nach seinem freien Wohlgefallen aus ihm entstehen, brauchte aber durchaus nicht zu entstehen. So kann das aus ihm Entstandene unmöglich die göttliche, unverwesliche und unveränderliche Substanz zu seiner Materie haben. Daraus ergibt sich, daß mit der einzigen Ausnahme der göttlichen Substanz alles übrige entweder aus dem Nichts geschaffen ist oder irgendein Veränderliches als Materie haben muß. Woher aber kann die Ur-Materie stammen, die weder durch sich selbst sein noch keinesfalls die göttliche Substanz zur Materie haben kann? Wenn die Ur-Materie wieder eine Materie besäße, wäre sie und wäre sie zugleich nicht die Ur-Materie. Hieraus ergibt sich klar, daß die Ur-Materie und durch ihre Vermittlung alle materiellen Wesen und nicht minder die unstofflichen Wesen und überhaupt alle Dinge aus dem Nichts erschaffen sind.

So steht nun fest, was wir als Wahrheit glauben:

3 Der Gegensatz zwischen "operatio naturae" und "impertitio gratiae" meint nicht den Unterschied zwischen Natur und Gnade im theologisch technischen Sinn, "gratia" bezeichnet hier nur das freie Handeln Gottes nach außen, im Gegensatz zum innergöttlichen Geschehen.

"Gott allein ist ungeschaffen"[4]. Wie er allein aus sich selber ist, so ist auch er allein von Ewigkeit her.

IX.

Was immer durch Schöpfung ins Dasein trat, war gewiß zu irgendeiner Zeit Nichts, sonst hätte es nicht aus Nichts erschaffen werden können. Somit hat alles Geschaffene einen Anfang in der Zeit[5]. Das Ungeschaffene dagegen ist jeglicher Zeit überlegen. Und sofern es war, als noch keine Zeit bestand, konnte es auch nicht veränderlich sein, es wäre ja sonst der Zeit unterlegen, wo es diese noch gar nicht gab, was ein Widerspruch ist. Was dem Wandel unterliegt, unterliegt dadurch auch der Zeit. Die Zeit ist immer in Bewegung und kann keinen Augenblick stillstehen; und wenn keine Veränderung wäre, gäbe es auch keine Zeit. So steht wie gesagt fest: Was der Veränderung unterliegt, unterliegt auch der Zeit. Der Veränderung aber kann nicht unterworfen sein, was schon war, ehe es die Zeit gab. Das Ungeschaffene, das vor aller Zeit war, konnte sich demnach nicht verändern. Als Unwandelbares kann es weder vom Sein zum Nichtsein, noch vom Sosein zum Anderssein übergehen. Und wenn es nicht vom Sein zum Nichtsein übergehen kann, dann dauert es ohne Ende. Und wenn es nicht vom Sosein zum Anderssein übergehen kann, dauert es ohne Wandel. Das Ungeschaffene ermangelt also nicht nur des Anfangs, sondern dauert ohne Ende und Wandel. Anfang, Ende und Wandel entbehren heißt aber ewig sein. Was also ungeschaffen

---

4 Symbolum Athanasianum.
5 Im 12. Jahrhundert hatte die Schule von Chartres im Anschluß an Platon eine von ewig bestehende, wenn auch geschaffene Materie angenommen. Die meisten Theologen (z.B. Alanus von Lille und Abaelard) verwerfen den Gedanken. Für Thomas wird die Nichtewigkeit der Welt ein von der Vernunft nicht erweisbarer Glaubenssatz sein: S. Th. I, 46,2.

ist, ist eben damit auch ewig. Umgekehrt ist auch klar: das Ewige ist ungeschaffen. Denn weil das Ewige von Ewigkeit her war, konnte es folglich nie geschaffen werden.

Aus diesen Überlegungen folgt, daß wenn nur Einer ungeschaffen ist, auch nur Einer ewig ist. Und umgekehrt: ist nur Einer ewig, kann auch nur Einer ungeschaffen sein.

X.

Das früher über die Unermeßlichkeit der Gottheit Gesagte läßt sich noch auf andere Art beweisen, nämlich durch eine Betrachtung über die Eigenschaft der Unermeßlichkeit selbst. Alles, was auf ein Maß beziehbar ist, würde größer, wenn man das Maß verdoppelte; noch viel größer, wenn man es verzehnfachte, ja verhundertfachte. Und würde man es mit tausend oder mit tausendmal tausend multiplizieren, so würde es immer entsprechend wachsen. Daraus ersiehst du klar, daß was eine meßbare Größe hat, an der Größe zwar teilhat, aber nicht die Größe selbst ist. Gott aber ist, wie die früheren Gründe zeigten, die Größe selbst; kein Ding jedoch kann an sich selber teilhaben und so teilweise sein, was es ist, und teilweise nicht. Deshalb kann Gott, der die Größe selbst ist, keine Größe haben, an die ein Maß angelegt werden kann. Er ist somit allem Maßstab überlegen und eben dadurch unermeßlich, weil für kein Maß wirklich faßbar oder auch nur möglicherweise faßlich. So steht unerschüttert, was wir glauben und täglich betend bekennen: "Gott ist unermeßlich."[6]

Zum gleichen Ergebnis führt die Erwägung der Allmacht. Doch weil dieses sehr leicht faßlich ist, brauchen wir dabei nicht lange zu verweilen. Oben ergab sich:

6 Symbolum Athanasianum.

Allmacht ist eins mit Unermeßlichkeit und mit Ewigkeit. Daraus folgt: Wer Unermeßlichkeit, wer Ewigkeit hat, hat auch Allmacht. Wie aber nur ein Einziger allmächtig sein kann, so nur ein Einziger unermeßlich, ein Einziger ewig.

Gottes Eigenschaften sind unmitteilbar

XI.

Bei unsern ersten Erwägungen zeigten wir, daß die Gottheit schlechterdings unmitteilbar ist und nicht mehreren Substanzen gemeinsam sein kann[7]. Was dort von der Gottheit gesagt worden ist, gilt entsprechend auch von Gottes Unermeßlichkeit wie von seiner Ewigkeit. So wenig eine wesenhaft einzige Substanz mehreren Substanzen mitteilbar ist, so wenig kann mehreren Substanzen die Unermeßlichkeit selbst, die Ewigkeit selbst mitgeteilt werden, da diese nichts von der göttlichen Substanz Verschiedenes sind. Keiner ist also unermeßlich als der eine und einzige Gott, keiner ewig als der eine und einzige Gott.

Aber hier erhebt sich eine schwere Frage, die einfachere Hörer verwirren könnte, wenn man sie nicht klar löste. Oben wurde gezeigt, daß die göttliche Substanz identisch ist mit der Macht selbst, der Weisheit selbst. Aber wer wollte behaupten, Macht sei nicht mitteilbar, Weisheit nicht vielen Substanzen gemeinsam? Wenn man Unermeßlichkeit und Ewigkeit deshalb als unmitteilbar bezeichnet, weil sie identisch sind mit der göttlichen Substanz, warum kann man dann nicht mit gleichem Recht Macht und Weisheit als unmitteilbar bezeichnen, so daß sie nicht mehreren Substanzen gemeinsam sein könnten? Ein gleicher Grund wird gelegt,

7 Buch 1, XVII.

warum wird nicht eine gleiche Folgerung gezogen? Um diesen verwirrten Knoten leichter zu lösen, wollen wir das über die Einzigkeit Gottes Gesagte noch etwas vertiefen.

XII.

Dies muß man wissen: Jede Substanz hat ihr Sein von ihrer Substantialität. Wo keine Substantialität ist, dort kann nicht von Substanz die Rede sein. Substantialität aber nennen wir die Eigenschaften des Subsistierens, woraus die Substanz ihren Namen und ihr Wesen zieht. Die Substantialität der menschlichen Substanz ist das Menschsein; denn eine Substanz, die das Menschsein nicht hat, kann nur fälschlich als Mensch bezeichnet werden. Und was von dieser gesagt wird, gilt ebenso von den übrigen. Die Substantialität kann entweder gattungshaft oder arthaft oder individuell sein. Gattungshaft ist die, welche mehreren Arten gemeinsam ist, wie etwa die Körperlichkeit, die allen Körpern, belebten und unbelebten, gemeinsam ist. Arthaft ist die, welche nur allen Individuen einer Art zukommt, wie etwa die Menschheit, die allen Menschen gemeinsam ist. Individuell ist die, welche einem einzigen Individuum einwohnt und keinesfalls mehreren Substanzen gemeinsam sein kann. Um die individuelle Substantialität zu bezeichnen, besitzen wir kein Wort; aber um der größeren Klarheit willen können wir eins erfinden und es vom Eigennamen her bilden. Reden wir also vom Namen Daniel her von Danielität, wie vom Homo aus von Humanität. Danielität wäre also jene Substantialität oder, wenn man lieber will, jene Substanz, woraus die Substanz, die er ist, die Eigentümlichkeit hat, Daniel zu sein, und woran keine andere teilnehmen kann. Menschheit ist wie Körperlichkeit vielen gemeinsam;

Danielität aber ist völlig unmitteilbar. Sie ist es deshalb, weil sie Daniel so gehört wie sie keinem andern gehören kann. Wer diese Substantialität hat, der kann nur Daniel sein; wer sie nicht hat, der kann nicht Daniel sein. Eine verschiedene Substantialität erwirkt eine verschiedene Substanz; die singuläre und individuelle kann nur eine begründen. Unmitteilbar ist also, wie gesagt, die Danielität, denn sie ist die Subsistenz der Substanz eines Einzigen so, daß sie keinem andern angehören kann. Und wenn sie schon deshalb unmitteilbar genannt wird, weil sie keiner andern Substanz gehören kann, um wieviel mehr würde sie so genannt, wenn die Substanz Daniels schlechterdings mit seiner Substantialität zusammenfiele! Die Gottheit aber ist schlechterdings dasselbe wie die göttliche Substanz, dasselbe, sage ich, wie jene einzigartige Substanz, von der allein gilt, daß sie aus sich selber ist und daß alles übrige aus ihr stammt. Die Gottheit kann somit ebensowenig mitgeteilt werden, als viele Substanzen eine sein können oder eine viele sein kann.

So klar haben wir über die Unmitteilbarkeit der Gottheit gehandelt, daß ein Leser, der hier noch Bedenken hätte, nicht nur langsamen Geistes, sondern geradezu blind sein müßte. Ebenso wurden Unermeßlichkeit und Ewigkeit als Besitz des Einen erwiesen, der keinem andern eignen kann, sie sind unveräußerlich. Sie sind fernerhin völlig identisch mit der Substanz und aus diesem Grund unmitteilbar.

XIII.

Doch kehren wir nach dieser Abschweifung zur Frage zurück, weshalb Macht und Weisheit nicht ebenso unmitteilbar genannt werden, da doch auch sie mit der göttlichen Substanz wahrhaft eins sind. Man sage sich aber, daß hier ein Mißbrauch der Worte Macht und Weisheit vorliegt, falls wir sie unbesehen bald auf Göttliches, bald auf Menschliches anwenden, und daß wir dabei keine univoke, sondern eine äquivoke Aussage machen. Von Gott sagen wir, er sei die Weisheit, vom Menschen sagen wir nicht, er sei die Weisheit, sondern es sei Weisheit in ihm; dort wird mit Weisheit etwas Substantielles und sogar mehr als das bezeichnet, hier wird mit Weisheit etwas bezeichnet, was durchaus nicht substantiell ist. Das gleiche Wort dort und hier, aber der Sinn des Wortes ist verschieden. Wenn schon dort Äquivokation vorliegt[8], wo das eine Wort mit zwei Bedeutungen zwei verschiedene Substanzen bezeichnet, um wieviel mehr dort, wo das eine Wort so zerdehnt wird, daß es gleichzeitig etwas bezeichnet, dem wir Substanz absprechen und etwas, dem wir sie zusprechen. Wenn wir also vom Menschen wie von Gott sagen, er hätte Weisheit, liegt ein äquivoker Gebrauch vor, über Gott aber wird die Aussage mißbräuchlich gemacht, so wie es ein Mißbrauch wäre zu sagen, Abraham sei nicht Mensch, sondern habe den Menschen. Dieser Redemißbrauch, diese äquivoke Art sich auszudrücken, verunklärt den Sinn und läßt nicht hervortreten, daß Gottes Macht und Weisheit unmitteilbar sind. Wir brauchen bloß einen Ausdruck zu nehmen, der der göttlichen Macht oder Weisheit ausschließlich zukommt, und wir bemerken sogleich, daß beide unmitteilbar sind. Denn der Ausdruck "Allmacht", der allein der göttlichen Macht zusteht, ist ja offensichtlich unmitteilbar, kann es doch, wie wir zeigten, nur einen einzigen Allmächti-

8 "äquivok" hier und im folgenden im Sinn von "analog". Richard folgt der aristotelischen Erklärung des Äquivoken, wie sie von Boethius kommentiert wird, der zwei Weisen unterscheidet: aequivocum a casu (verschiedene, mit dem gleichen Wort bezeichnete Dinge) und aequivocum a consilio (wobei echte Analogie vorliegen kann): In categ. Arist. 1 (PL 64, 163–167).

gen geben. Um die göttliche Weisheit auszudrücken, besitzen wir kein entsprechendes Wort wie Allmacht, umschreiben sie aber öfter durch Beiworte wie "höchste Weisheit", "die Weisheit selbst", "die Fülle der Weisheit". Aber wie immer man die göttliche und ungeschaffene Macht und Weisheit als mit jeder andern unverwechselbar bezeichnen will: unmitteilbar sind beide auf jeden Fall und können nicht mehreren Substanzen gemeinsam sein, ich sage nicht bloß englischen und menschlichen, sondern auch nicht quasi-göttlichen[9].

Nur Einer ist Gott und Herr

XIV.

Abgesehen von dem über die Einzigkeit der Gottheit bereits Gesagten: auf wieviele Arten läßt sich die Einzigkeit Gottes noch beweisen! Einer ist ungeschaffen, Einer ist ewig, Einer ist unermeßlich: jede dieser Aussagen beweist und überzeugt davon, daß Gott nur ein Einziger ist. Bei einigem Nachdenken könntest du dasselbe aus der Erwägung der Einheit gewinnen. Denn wer behauptet, es gäbe mehrere Götter, der kann der Annahme überführt werden, daß jeder beliebige von ihnen sein Dasein von jedem beliebigen andern her bezieht, während doch jeder auch die Eigentümlichkeit hat, nur aus sich selber zu existieren. Aber weil sich das aus dem Vorgesagten ausfindig machen und beweisen läßt, überlassen wir die nähere Ausführung mit Absicht dem scharfsinnigen Leser.

XV.

Fragen wir uns vielmehr, ob es, unserem täglichen Bekenntnis gemäß, wirklich nur einen "einzigen Herrn"[10] geben kann.

9 Gemeint sind die platonischen Ideen.   10 Symbolum Athanasianum.

Herr wird mit Recht der genannt, dessen Freiheit durch keine fremde Macht bedrängt, dessen herrschaftliches Walten durch nichts Unmögliches eingeschränkt wird. Als Herr kann nicht wirklich bezeichnet werden, wer gezwungenermaßen einem fremden Willen gehorchen oder weichen muß. Somit ist es unmöglich, daß es mehrere Herren gibt. Nähme man das an, so folgte mehreres Bedenkliche daraus. Denn gesetzt, einer dieser Herren wollte sich einen der übrigen unterwerfen: so wird der Angegriffene, falls er die Gewalt des Angreifers nicht abschlagen kann, mehr Knecht als Herr sein. Wenn aber der Angreifer mit Gewalt zurückgeworfen wird und als Besiegter weichen muß: wie könnte der Herr sein, der, wenn auch unwillig kapitulierend, dem Sieger nachgibt? Werden also mehrere Gleichmächtige als Herren angesetzt, dann wird keiner davon wirkliche Herrschaft ausüben.

Was sich so aus dem Wesen der Herrschaft ergibt, das wirkt vom Wesen der Allmacht her bestärkt. Wie nur einer allmächtig sein kann, so auch nur einer Herr. Denn wer wollte seiner Machtanwendung widerstehen, wenn er wahrhaft allmächtig ist? Damit ist erwiesen, daß nur Einer Herr ist und sein kann, so wie nur Einer Gott.

XVI.

Dem, der wahrhaft allmächtig ist, kann nichts Wünschbares ermangeln. Wo Allmacht waltet, vermag keine Fülle, keine Vollkommenheit zu fehlen. Denn entginge dem Höchstmächtigen das geringste an Vollkommenheit, und er könnte es nicht erlangen, so wäre er nicht wirklich allmächtig. Ganz vollkommen ist, wem in keiner Beziehung irgendeine Vollkommenheit fehlt noch fehlen kann. Nichts aber kann besser, nichts größer sein als das in jeder Hinsicht Erfüllte und Vollendete. Vom Allmächtigen steht also fest, daß er selber das höchste Gut ist, und folgerichtig: daß er für sich selbst sein eigenes Gut ist. Wie der, der an höchster Stelle steht, keinen Höheren über sich haben kann, so kann der Höchst-Gute nicht von seinem Unterlegenen begütert oder beseligt werden. Und wie sollte überhaupt, wer alles aus sich selbst hat, von anderswoher gut und selig gemacht werden? Er ist durch sich selber gut, durch sich selber selig. Er ist seine eigene Güte, seine eigene Seligkeit. Und so erweist sich, daß er selbst das höchste Gut ist und die allseitige Vollkommenheit. Was anderes aber ist Seligkeit als die Fülle und Vollkommenheit aller Güter? Damit steht fest, daß jenem höchsten Gut und allseits Vollkommenen schlechterdings nichts ermangelt, dessen Erlangung es aufwerten könnte.

Gottes Einheit und Einfachheit

XVII.

Wenn nun in diesem wahren, höchsten, allseits vollkommenen Gut die Fülle aller Güter ist, kann man dann sagen, dieses unübertreffbar vollkommene Gut sei aus vielen Einzelgütern zusammengesetzt? Aber das aus mehreren Zusammengesetzte ist von Natur auch teilbar, und das Teilbare wiederum ist veränderlich, und wo Veränderung herrscht, kann nicht Ewigkeit und damit nicht wahre Glückseligkeit sein. Im allseits vollkommenen Gut aber können diese beiden nicht fehlen. Um von andern Gründen zu schweigen: schon die Allmacht verbürgt jede Vollkommenheit und damit auch das Dasein dieser beiden. Somit erweist sich, daß in jener ewigen Glückseligkeit und wahrhaft seligen Ewigkeit auch wahre Unveränderlichkeit und damit wahre und höchste Einfachheit herrscht.

Wo aber höchste Einfachheit herrscht, da ist wahre und höchste Einheit. Alles somit im höchsten Gut ist wahrhaft und unübertrefflich eins, es gibt dort nicht ein Dieses und Jenes, sondern es selber ist seine Allheit.

XVIII.

Das von der Einfachheit und Einheit des höchsten und wahren Gutes Gesagte läßt sich vom früher Gesetzten her noch anders erweisen. Wir stellten schon fest, daß die göttliche Substanz identisch ist mit der Macht selbst, der Weisheit selbst: so sind diese Größen alle vertauschbar. Von der selben Substanz wurde desgleichen festgestellt, daß sie wahre Unermeßlichkeit ist und identisch mit der Ewigkeit selbst. Beachte nun, wie all diese Eigenschaften Eines und ein Selbes sind und gegenseitig voneinander ausgesagt werden können. Was wir von ihnen sagten, läßt sich folgerichtig aber auch auf Gottes Güte und Seligkeit ausdehnen. Denn auch sie können wie jene voneinander und von jenen früheren ausgesagt werden. Und dasselbe gilt von allem schlechthin, was der göttlichen Substanz an Sein und Besitz zugeschrieben wird.

Weil somit alles in der höchsten Substanz, ja sie selber im wahrsten und höchsten Sinn eins ist, ist für Gott Sein nichts von Lebendigsein Verschiedenes, Lebendigsein nichts von Geistsein Verschiedenes, und von alldem sind wiederum Mächtigsein und Weisesein nicht verschieden, und nochmals unterscheiden sich Gutsein und Seligsein weder vom Genannten noch voneinander.

Aus dieser Überlegung ergibt sich, daß alles im höchsten Gut, in der wahren Gottheit, wahrhaft, substantiell und unübertrefflich eins ist.

Das höchste Gut muß also höchst eins sein, und nicht nur höchst eins, sondern das einzig Höchste. Zwei höchste Güter kann es nicht geben, sowenig wie zwei allseitig Vollkommene. Denn gäbe es zwei gleich Vollkommene, dann müßte alle Fülle und Vollkommenheit, die im einen ist, in der gleichen Art und im selben Maß im andern sein. So bestünde beiderseits eine und dieselbe Fülle, eine einzige und ununterschiedene Vollkommenheit. Wo aber kein Unterschied herrscht, kann eine Mehrheit weder erfunden noch ausgesagt werden. Eine Mehrzahl von allseitig Vollkommenen gibt es nicht und es kann sie nicht geben. Schon vor uns ist es gesagt worden[11] : Wenn eines allseitig vollkommen ist, genügt es für alles, sonst wäre es nicht wirklich vollkommen, und wenn eines wahrhaft genügt, ist ein anderes überflüssig. Ist es überflüssig, wie wäre es nützlich? Ist es unnütz, wie wäre es gut? So ist denn, wie gesagt, das allseits vollkommene Gut nicht nur höchst eins, sondern das einzig Höchste. Du siehst: Was wir vom höchsten Gut sagen, läuft nach der gleichen Folgerichtigkeit wie das, was oben die Vernunft über die Einheit der göttlichen Substanz gefunden hat. Denn ist Gott wirklich das höchste Gut, dann kann er es nicht sein ohne eins zu sein, und dann ist auch erwiesen, was wir glauben: daß nur ein einziger Gott sein kann.

So ist denn in jener wahren und höchsten Seligkeit, jener wahren und höchst seligen Gottheit auch eine höchste und substantielle Einheit und in dieser eine wahre und höchste Einfachheit, weil ja doch, wie gezeigt, Gott selber das Ganze ist, was er ist.

---

11 Richard scheint hier auf Abaelard anzuspielen (Theolog. christ. 5; PL 178, 1319); vgl. auch Anselm von Havelsberg (Dialoge II, 1; PL 188, 1165).

XX.

Herrscht aber in dieser Einheit die wahre und höchste Einfachheit, dann hat sie nichts zu schaffen mit einer Substanz, die durch Zusammensetzung ihrer Teile eine einzige ist. Wenn sie selber die Allheit dessen ist, was in ihr ist, dann ist sie jener nicht vergleichbar, die aus der Gestaltgleichheit vielfacher Substanzen zu einer einzigen Natur wird. Ist sie wahrhaft und höchst einfach, wie sollte sie dann vergleichbar sein mit der Einheit, die aus der Einigung verschiedenförmiger Substanzen zu einer einzigen Person wird? Wenn einfache Identität in ihr herrscht, was hat sie dann mit jener zu schaffen, die aus der Zusammensetzung eines Subsistierenden und einer Subsistenz entsteht? Durchaus erhaben ist sie auch über jene Einheit, die aus der Sammlung vieler Eigenschaften zu einer Form sich ergibt. Über alle diese Arten der Einheit ist sie unvergleichlich und unerfaßlich entrückt, sie, die in der Identität der Unendlichkeit ein höchst einfaches und unmitteilbares Sein hat.

So herrscht also im höchsten Gute und allseits Vollkommenen wahre Einheit, höchste Einfachheit, wahre, höchst einfache Identität. Ja, was noch wundersamer ist: wahre Einheit zusammen mit Allheit und Fülle, höchste Einfachheit zusammen mit der Unermeßlichkeit des Vollkommenen, höchst einfache Identität zusammen mit der Unendlichkeit jeglicher Vollendung. So achte denn, wie unbegreiflich und gänzlich unabschätzbar die Einfachheit der wahren und höchsten Einheit ist.

Hier möchte ich, damit mir nicht ein einfacherer Leser widersprüchliche Aussagen vorhalte, als ließe das Gesagte sich nicht vereinbaren, einem solchen zeigen, wie er gleichsam in einem Spiegel schauen und aus einem von ihm selbst geschöpften Vergleich entnehmen könne, was er von jener überwesentlichen Unbegreiflichkeit halten soll. Wenn einer ein Samenkorn in der Hand hält, begreift er dann nicht klar und erklärt ohne Zögern, daß kein anderes Korn numerisch dasselbe wie dieses ist? Und wenn er der Reihe nach über alle andern Samenkörner des gleichen Strauches oder Saatguts ausgefragt würde, so würde er doch bei jedem immerfort sagen, es sei ein anderes als alle andern. Dasselbe brächte er bei jeder Borste, bei jedem Haar vor. Und nichts anderes von jedem Tropfen im Meer, von jedem Blatt eines Baumes. Und würde die ganze Erde in Staub aufgelöst und man könnte ihn über jedes kleinste Staubkorn befragen, er würde beharrlich und richtig auf jede Frage dasselbe erwidern. Selbst wenn die Dimensionen der Erde ins Unendliche wüchsen, er würde über die kleinsten Teilchen stets dasselbe aussagen.

Ich habe mir Mühe gegeben, dies so ausführlich darzulegen, damit auch der einfachste Geist aus eigener Einsicht entnehme und begreife, wie in einer einzigen und einfachen Wahrheit unendliche enthalten sein können. Was Wunder also, wenn in der Weisheit, die Gott ist und in der jede Wahrheit sich findet (denn sie wäre nicht vollkommen, wenn ihr etwas Wahres entginge), was Wunder, sage ich, wenn in ihr von einem Gesichtspunkt her höchste Einfachheit, von einem andern her höchste Mannigfaltigkeit herrscht? Was Wunder, wenn in ihr zusammenstimmt und im einen sich begegnet die Identität und das unendlich Vielfältige, die Einfachheit und das unermeßlich Große, die wahre Einheit und die

Allheit jeglicher Fülle? So kann jeder aus seinem All-
tagswissen ablesen, was er denken soll von jener überwesentlichen Unbegreiflichkeit.

XXII.

Das Vorausgehende hat ergeben: In jener Natur, die
Gott ist, ist echte Einheit und höchste Einfalt: nichts
Zusammengesetztes, keinerlei Integration. Sie ruht auf
nichts anderem auf und nichts ruht auf ihr auf. Sie
heißt und ist auch höchste Macht, heißt und ist höchste Weisheit; um die Vorstellung auszuschalten, sie ru-
he auf etwas auf, wird sie Substanz genannt. Aber im
Gegensatz zu andern Substanzen ruht auch nichts auf
ihr als Grundlage auf, und so ist sie eher als übersubstantielle[12] Wesenheit zu kennzeichnen. Wir haben ein-
gesehen, falls wir uns noch erinnern, daß Gottes Unermeßlichkeit eins ist mit seiner Güte. Was ist die Folge?
Wenn Unermeßlichkeit und Güte sich decken, wird
Gott dann kraft seiner Unermeßlichkeit gut sein? Und
wiederum: wird er kraft seiner Güte unermeßlich sein?
Güte scheint sich doch auf Qualität zu beziehen, Unermeßlichkeit auf Quantität. Sollen wir also sagen, er sei
durch Qualität groß und durch Quantität gut? Wer mag
so etwas verstehen? Oder sollen wir eher sagen: weil
Unermeßlichkeit und Güte sich in ihm mit seiner Substanz decken, daß er dann ohne Qualität gut und ohne
Quantität groß ist? Aber auch diesmal: Wer mag das
verstehen?

Daraus läßt sich nun, wie mir scheint, leicht einsehen, wie unaussprechlich, ja geradezu unausdenkbar

---

12 "supersubstantialis": eine seit alters vertraute Wortbildung, da es als
"wörtliche" Übersetzung des geheimnisvollen "hyperousios" im (lu-
kanischen) Vater Unser verwendet wurde. Noch im Barock wird zuweilen statt "unser tägliches Brot" "unser überwesentliches Brot"
(d.h. die Eucharistie) gesetzt.

das ist, was die Vernunft aufgrund ihrer Überlegungen uns von Gott auszusagen zwingt.

Paradoxe des göttlichen Seins

XXIII.

Früher Gesagtes ergab: Gott ist allmächtig und kann zweifellos alles. Ist er wirklich allmächtig, dann kann er alles überall. Erstreckt sich seine Macht nach überallhin, ist er aufgrund seiner Macht allgegenwärtig. Ist er dies aufgrund seiner Macht, dann auch aufgrund seines Wesens; denn Macht und Wesen decken sich in ihm. Ist er aber wesenhaft allgegenwärtig, dann ist er dort, wo ein Ort ist und auch dort, wo kein Ort ist. Also ist er sowohl innerhalb wie außerhalb jedes Ortes, ist er oberhalb von allem und unterhalb von allem, innerhalb von allem und außerhalb von allem. Da aber Gott einfacher Natur ist, wird er nicht da und dort nach Stücken verteilt, sondern als Ganzer überall sein. Im kleinsten Teil des Ganzen wird er ganz sein, und ganz auch im Ganzen, und ganz noch außerhalb des Ganzen. Ist er aber außerhalb jedes Ortes als Ganzer, so wird er von keinem Ort eingeschlossen. Ist er in jedem Ort als Ganzer, so wird er aus keinem Ort ausgeschlossen; seine Gegenwart ist also nie örtlich, da kein Ort ihn einschließt und keiner ihn ausschließt.

Und wie er an jedem Ort als der Gegenwärtige anwest, ohne örtlich zu sein, so west er in jeder Zeit als der Ewige an, und in keiner auf zeitliche Weise. Denn wie er, der Einfache, Unzusammengesetzte, durch keine Räume zerdehnt wird, so wird er, der Ewige, Unveränderliche, durch keine Zeiten gewandelt. Und so ist für ihn alles Nochnichtseiende nicht zukünftig, alles Nichtmehrseiende nicht vergangen, alles jetzt Gegenwärtige nicht vorübergehend. Er ist also an jedem Ort, ohne von ihm erfaßt und zu jeder Zeit, ohne durch sie in Wandlung einbezogen zu werden.

Und wundersam: er, der in bezug auf sich selbst immer einförmig ist, erscheint in der Vielheit der Wesen vielförmig. Fragst du nach seinem Verhalten[13] (obschon er des Verhaltens entbehrt), dann verhält er sich, in bezug auf sich selbst, gemäß der Einfachheit der Natur, überall auf die gleiche Weise. Und doch, sofern er gnädig an sich selber teilgewährt, gibt er sich in den verschiedenen Wesen auf verschiedenste Art. In den einen verhält er sich so, daß er ihnen teilgibt an seiner Mächtigkeit, aber noch nicht an seinem Leben; in den andern verhält er sich so, daß er ihnen teilgibt an seinem Leben, aber noch nicht an seiner Weisheit. In den einen ist er so, daß sie teilbekommen an seiner Güte, aber noch nicht an seiner Seligkeit. Von andern wissen wir, daß sie an beidem Teil erhalten. Gott, der in sich eingestaltig ist und keinen Wandel kennt, hält für die einen die Hand seiner Freigebigkeit halb geschlossen, für andere öffnet er sie weiter, für andere ganz weit.

XXIV.

Und da er wahrhaft allmächtig ist, so existiert alles Seiende entweder aufgrund seines Wirkens oder aufgrund seiner Erlaubnis. Würde nicht alles seinem Willen entsprechend geschehen, so wäre er ja nicht allmächtig. Sein Wirken ist sein Wille, daß etwas durch ihn entsteht. Sein Dulden ist sein Gewährenlassen, daß etwas durch einen andern geschieht. Und wie all sein Dulden ohne jedes Erleiden ist, und sein Mitleid ohne jedes Vorleiden[14], so ist auch all sein Wirken ohne Geschäftigkeit und sein unablässiges Handeln ohne Ermüdung.

13 "situs" (Zustand, Verhalten), eine der 10 Kategorien.
14 "propassio" (propatheia der Stoiker) wird von den Vätern gebraucht, um jene Leidenschaften Christi zu bezeichnen, die nichts Ungeordnetes an sich haben. Vgl. Thomas, S. Th. III, 15,4.

Wenn aber sein Wirken dasselbe ist wie Wille, daß etwas durch ihn entsteht, wird er dann beim Erschaffen eines Dinges, das vorher nicht war, etwas wollen, was er vorher nicht wollte? Aber er, der wahrhaft unveränderlich ist, kann auch sein Wollen nicht verändern. Was er einmal will, das hat er immer gewollt. Muß er deswegen die Dinge von Ewigkeit her erschaffen haben, weil er sie von Ewigkeit her gewollt hat? Und wenn er das wirkt, was noch künftig ist, wirkt er dann immer noch und wird er später noch wirken, was schon vergangen ist und keine Zukunft mehr hat? Ist er immerdar am Tun, wie er immerdar will? Und wenn etwas aufhört zu sein, hört er dann auf, es zu haben, während er es vorher hatte? Oder fängt er an, etwas zu haben, wenn ein Ding anfängt zu sein, das vorher nicht war? Denn was aufgehört hat und was noch nicht begonnen hat, das ist nichts; und was nichts ist, kann man nicht besitzen. Aber der allmächtige Besitzer kann weder bereichert noch seines Reichtums beraubt werden. Was also will man hier sagen? Überlege aber einmal: ist vielleicht ein aktuell existierendes Ding nicht dort auf höhere Weise, wo es nicht aktuell existiert?[15] Denn hier ist es ein Ding im Vorübergang, dort ist es ewig; und was geschaffen wurde, war dort Leben, auch dann schon, als es noch nicht aktuell existierte. Gott, der nichts verlieren und nichts neu erwerben kann, besitzt in gleicher Weise was aktuell existiert und was nicht aktuell existiert.

XXV.

Von den relativen Eigenschaften Gottes wollen wir hier nicht reden; ihre Bedeutung erstreckt sich weiter als

15 Platonischer Gedanke, durch die Übersetzung der Wortfügung von Joh 1,3–4 "quod factum est in ipso (Deo) vita erat" und deren Kommentierung gefördert; grundlegend für das System von Scotus Eriugena und später für Meister Eckhart und die deutsche Mystik.

was in einem kurzen Abriß erklärt werden kann. Meiner Ansicht nach erstreckt sich diese Bedeutung über alle Prädikamente hin. Denn abgesehen von der Relation, die sie bedeuten, pflegt sich das, was darin mitbedeutet wird, bald auf diese, bald auf jene Kategorie zu beziehen. Man bezieht sich auf die Substanz, wenn man sagt, einer sei dem andern konsubstantiell, auf die Quantität, indem man von Gleichheit oder Ungleichheit spricht, auf die Qualität, wenn man ähnlich und unähnlich sagt, das Wo wird mitgedacht, wenn man von höher und niedriger redet, das Wann, wenn man vom Früheren und Späteren spricht, das Verhalten, wenn von "Mitinhaber" und "Mitsitz" die Rede ist, vom Haben, wo von Besitzer und Besitz gehandelt wird, zum Wirken und Erleiden gehört der Erzeuger und das Erzeugte, der Liebende und der Geliebte. Es ist deshalb besser, wenn wir diese Fragen einstweilen auf sich beruhen lassen, statt etwas anzuschneiden, was in der hier erforderten Kürze nicht zu bewältigen ist[16].

Noch eine Bemerkung hier: alles bisher über die göttlichen Eigenschaften Gesagte bezieht sich auf das Sein, das aus sich selbst und deshalb von Ewigkeit ist. Und das alles behielte auch dann seine Gültigkeit, wenn es keine ewige Wirklichkeit gäbe, die ihren Ursprung außerhalb ihrer selbst besäße.

---

16 Daß die Kategorien auf Gott nicht anwendbar sind, zeigt schon Augustinus (De Trin. V, 1, 2; V, 2,3; V, 5,6; V, 8,9). Boethius will deren Anwendung auf Gott als von der auf die Welt ganz verschieden aufzeigen (PL 64, 1252—1256). Scotus Eriugena lehnt jede Anwendung auf Gott restlos ab De div. nat. I, 14—16 (PL 122, 463—465).

III. BUCH
VON GOTTES DREIEINIGKEIT

Die anstehenden Fragen

I.

Bisher haben wir, soweit unsere Einsicht ausreichte, von der göttlichen Substanz, ihrer Einheit, ihren Eigenschaften gehandelt. Im folgenden wollen wir erforschen, was von der Vielheit der göttlichen Personen und ihren Eigenschaften zu halten ist.

Erstens wird zu fragen sein: Gibt es in der wahren Gottheit, die einfach ist, eine wahre Vielheit, und erstreckt sich die Zahl der Personen, wie unser Glaube uns lehrt, bis auf drei?

Zweitens: Wie ist die Einheit der Substanz vereinbar mit der Mehrzahl der Personen?

Drittens wird zu fragen sein, ob, wie der Glaube uns sagt, nur eine Person aus sich selbst sei, während die andern ihren Ursprung nicht aus sich selber haben, und was dergleichen Fragen damit zusammenhängen mögen. Und wenn es uns gelingen sollte, auch das mit Vernunftgründen zu stützen, wird an letzter Stelle zu fragen sein, ob die zwei Personen, die nicht in sich selbst ihren Ursprung besitzen, auf verschiedene Weise hervorgehen, und welche Weise einer jeden eignet, und welche Bezeichnungen ihnen nach ihrer Eigenheit zustehen.

Bei dem uns nunmehr Verbleibenden ziemt es sich aber, mit um so größerer Sorgfalt voranzugehen und desto mehr Eifer darauf anzuwenden, als in den Schriften der Väter (ich rede jetzt nicht von den Zeugnissen der Heiligen Schrift) sich wenig findet, was sich für einen Vernunfterweis auswerten ließe.

Während ich so mein Vorhaben darlege, mag jeder lachen, der will, ja er kann mich auslachen. Er wird es wohl zu Recht tun! Ich will es geradeheraus gestehen: nicht sosehr die Wissenschaft ist es, die mich zu diesem Wagnis anstachelt als vielmehr eine brennende Glut im

Herzen. Was nun, wenn das Angestrebte zu erreichen mir nicht vergönnt ist? Wie, wenn ich unterm Laufen zusammenbreche? Nun, ich werde trotzdem die Freude gehabt haben, das Antlitz meines Herrn suchend nach Kräften gelaufen zu sein, mich gemüht, mich bis zur Erschöpfung ausgegeben zu haben. Und wenn der Weg zu lang war, zu rauh, zu steil, und ich versage: etwas werde ich doch erreicht haben, falls ich in Wahrheit sagen kann: ich tat, was ich konnte, *ich suchte ihn, doch fand ich ihn nicht, ich rief nach ihm, aber er hat mir nicht geantwortet* (vgl. Hl 5,6). Und sieh, jene seltsame Eselin Balaams, die ihren Reiter am Weitergehen hinderte, irgendwie treibt sie mich an, sie drängt mich, auf dem begonnenen Weg voranzueilen. Wieder fängt sie an zu reden, und ich höre wie sie mir sagt: Der, der es vermochte, mich reden zu machen, wird gewiß auch dich zum Reden bringen. So wird es Zeit, mit allem Fleiß an unser Vorhaben zu gehen.

Die Fülle des Gutseins erfordert eine Mehrheit von Personen

II.

Wir sagten oben, daß in Gott, dem höchsten Gut und schlechthin Vollkommenen, die ganze Fülle der Gutheit und die Vollkommenheit sich findet. Wo aber die Fülle der Güte ist, dort kann wahre und höchste Liebe nicht fehlen. Denn nichts ist besser, nichts vollkommener als die Liebe. Von niemandem aber wird gesagt, er besitze die vollkommene Liebe, wenn er bloß sich selber privat als diesen Vereinzelten liebt. Es muß also die

Liebe *(amor)* sich zum andern hin wenden, um selbstlose, eigentliche Liebe *(caritas)* zu sein[1]. Wo es also keine Mehrzahl von Personen gibt, kann auch keinesfalls eigentliche Liebe sein.

Vielleicht wendest du ein: "Auch wenn in Gott nur eine einzige Person wäre, so könnte er doch seinem Geschöpf gegenüber echte Liebe haben, und er hätte sie auch gewiß." Wohl, aber einer geschaffenen Person gegenüber könnte er doch nicht die höchste Liebe haben. Denn es wäre ungeordnete Liebe, wenn ein Wesen über alles hinaus geliebt würde, das nicht auf diese Art geliebt werden darf. Die höchstweise Güte aber kann unmöglich eine ungeordnete Liebe zulassen. Die göttliche Person kann demnach nicht eine Liebe über alles hinaus zu einer menschlichen Person hegen, die nicht der geeignete Gegenstand einer solchen Liebe ist.

Damit aber die Liebe ihr Höchstmaß und ihre absolute Vollkommenheit erreiche, muß sie so sein, daß sie größer und besser nicht sein könnte. Solange aber einer niemand andern liebt als sich selbst, ist diese auf das eigene Ich beschränkte Liebe noch keineswegs deren höchster Grad. Anderseits ist klar, daß eine göttliche Person niemanden als sich selbst nach Würdigkeit lieben könnte, falls sie keine andere Person hätte, die ihr an Würde gleichkäme. Gleichwürdig einer göttlichen Person aber könnte nur eine Person sein, die selber Gott wäre. Damit also in der wahren Gottheit Raum sei für die Fülle der Liebe, darf eine göttliche Person des Mit-

---

1 Hier zitiert Richard offensichtlich Gregor den Großen, ohne ihn zu nennen. "Minus quam inter duos caritas haberi non potest. Nemo enim proprie ad semetipsum habere caritatem dicitur, sed dilectio in alterum tendit ut caritas esse possit." Hom. in Evang. 17,1 (PL 76, 1139). Auch Bernhard spricht von "amor privatus": De dilig. Deo 12,34 (PL 182, 995).

seins einer andern gleichwürdigen und deshalb gleich-
falls göttlichen Person nicht ermangeln[2].

Sieh, mit welcher Leichtigkeit die Vernunft uns davon überzeugt, daß in der wahren Gottheit eine Mehrzahl von Personen nicht fehlen kann. Sicher ist, daß
Gott allein höchst gut ist. Nur Gott darf also zuhöchst
geliebt werden. So kann eine göttliche Person höchste
Liebe nur einer Person zuwenden, die selbst göttlich
ist. Und die Gottheit wäre nicht Fülle ohne die Fülle
des Guten; das Gute aber ist nicht Fülle, wenn die Liebe nicht voll ist, und Fülle der Liebe gibt es nur, wenn
es mehrere Personen in Gott gibt.

Die Fülle der Seligkeit erfordert eine Mehrheit von Personen

III.

Die Mehrzahl der Personen, die von der Fülle des Guten
her plausibel wird, kann entsprechend auch von der
Fülle der Seligkeit her bewiesen werden. Was die erste
aussagt, bestätigt die zweite. Beide Stimmen einigen
sich im Bezeugen der Wahrheit.

Jeder befrage sich selbst; er wird ohne Zögern und Widersprechen finden, daß es nichts Besseres, aber auch
nichts Seligeres gibt als die Liebe. Die Natur selbst
bringt uns das bei, und vielfache Erfahrung bestätigt
es immer wieder. Nun also: wie in der Fülle des wahren
Guten das Beste nicht fehlen kann, so kann in der Fülle
der höchsten Seligkeit das nicht fehlen, was das Seligste

---

2 In diesem Kapitel verwendet Richard neben dem Prinzip der selbstlosen (auf einen andern zielenden) Liebe das der "Ordnung" in der
Liebe, die nur gemäß der Würdigkeit oder Werthöhe des Geliebten
lieben kann. Er widerlegt damit (ausdrücklich) die These Abaelards,
Gott (als Trinität) sei Liebe, sofern er das Geschöpf liebt, denn für
sich selber sei er keines Dinges bedürftig: Introductio ad Theol. 2 (PL
178, 1072).

ist. Also darf in der höchsten Seligkeit die Liebe nicht fehlen. Damit aber im höchsten Guten die Liebe sei, darf der nicht fehlen, der sie erweist, und der, dem sie erwiesen wird. Das eigentliche und unabdingbare Kennzeichen der Liebe aber ist, daß man von dem, den man sehr liebt, auch sehr geliebt werden will. So kann die Liebe nicht selig sein, wenn sie nicht gegenseitig ist. Deshalb darf in der wahren und höchsten Seligkeit, der göttlichen, wenn selige Liebe bestehen soll, ihre Gegenseitigkeit nicht fehlen. In der gegenseitigen Liebe aber muß notwendig Einer sein, der die Liebe hinschenkt, und Einer, der sie zurückschenkt. Einer muß der die Liebe Hinschenkende, ein anderer der sie Zurückschenkende sein. Wo aber einer und ein anderer ist, herrscht echte Vielfalt. In der wahren Fülle der Freude kann diese Vielheit der Personen nicht fehlen. Die Fülle der Seligkeit aber ist Gott. Die Darbietung einer grundlosen Liebe und deren Erwiderung durch eine geschuldete Liebe überzeugt uns aufs klarste davon, daß in der wahren Gottheit eine Mehrzahl von Personen nicht fehlen kann[3].

Die Fülle der Glorie erfordert eine Mehrheit von Personen

IV.

Wenn wir in der wahren Gottheit nur eine Person ansetzen, so wie nur eine Substanz, dann wird diese offenbar niemanden haben, dem sie die unendliche Fülle ihres Überschwangs mitteilen kann. Aber — so müssen wir fragen — muß denn das sein? Wäre es so, weil er einen Genossen zwar wünschte, aber nicht haben könn-

---

3 Die Begriffe "amor gratuitus" und "debitus" schon bei Bernhard, De dilig. Deo VI, 16 (PL 182, 974).

te? Oder deshalb, weil er keinen wollte, obschon er ihn haben könnte? Aber ein Allmächtiger kann doch nicht durch Ohnmacht entschuldigt werden. Wenn es aber an Macht nicht fehlt, könnte es dann bloß am Wohlwollen fehlen? Angenommen, er weigere sich, einen Genossen zu haben, obschon er durchaus einen haben könnte, falls er wollte, wie erschreckend groß wäre für eine göttliche Person ein solcher Mangel an Güte!

Wir sagten es: Nichts ist süßer, nichts erfreuender als die Liebe; das Leben des Geistes erfährt nichts Fröhlicheres als die Freuden der Liebe, genießt kein seligeres Glück. Und dieses Glück würde Gott ewig mangeln, wenn er, einen Mitliebenden entbehrend, in Ewigkeit auf dem Thron seiner einsamen Majestät verharrte. Daran läßt sich ermessen, wie unfaßlich ein solcher Mangel an Wohlwollen wäre, falls er seinen Reichtum geizend für sich selber zurückbehielte, während er ihn mit so überschwenglicher Freude, mit je größerer Lust, falls er nur wollte, einem andern hinschenken könnte. Wäre dem wirklich so, dann hätte er freilich Anlaß, sich dem Anblick der Engel und aller übrigen zu entziehen, er müßte mit Recht sich schämen, gesehen, erkannt zu werden, wenn ein solcher Schandfleck auf seiner Güte säße!

Doch ist es in jeder Weise ausgeschlossen, daß in der höchsten Majestät etwas läge, woraus sie sich nicht verherrlichen könnte und dürfte! Wo bliebe sonst die Fülle ihrer Glorie? Denn wir sahen ja, daß in Gott keine Fülle fehlen kann. Was aber ist glorreicher, was großartiger als die Freigebigkeit, die alles, was man besitzt, mitteilen will? So ergibt sich klar, daß in jenem unerschöpflichen Gut und höchstweisen Ratschluß kein geiziges Ansichhalten sein kann, sowenig das Sichverströmen in Unordnung erfolgen kann.

Damit wäre bewiesen, wie du feststellen kannst, daß

in der höchsten, erhabensten Majestät gerade die Fülle der Herrlichkeit einen Mitteilhaber erfordert.

V.

Wir haben für die Vielheit der göttlichen Personen so klare Vernunftgründe beigebracht, daß es Zeichen von Wahnsinn wäre, so klare Zeugnisse abzuweisen. Müßte einer nicht wahnwitzig sein, der behauptete, eben das fehle der höchsten Güte, was das Vollkommenste, Beste ist? Nur ein Schwachsinniger wird sich dagegen wehren, daß in der höchsten Seligkeit sich auch das Freudigste, Süßeste finden muß. Nur ein der Vernunft Beraubter kann meinen, der Fülle der Glorie könne das mangeln, worüber hinaus nichts glorreicher, nichts großartiger sein kann. Denn nochmals: Es ist völlig gewiß, daß es nichts Besseres, nichts Seligeres und nichts Glorreicheres gibt als wahre, echte, höchste Liebe, die es aber in keiner Weise geben kann ohne Vielheit der Personen.

So erscheint die Setzung dieser Vielheit durch ein dreifaches Zeugnis gestützt. Was das Höchstmaß der Güte und das Höchstmaß der Seligkeit im Verein laut bezeugen, das bestätigt zujubelnd die Fülle der Herrlichkeit. Damit haben wir für unsern Glaubenssatz ein dreifaches Zeugnis, ein erhabenes für das Erhabene, ein göttliches für das Göttliche, ein tiefes für das Höchste, ein ganz offenes für das Verborgenste; und wir wissen ja, daß *alle Wahrheit durch das Zeugnis zweier oder dreier verbürgt wird* (vgl. Mt 18,16). Hier ist ein dreifach gewundenes Seil, das kaum zerreißbar ist, mit dem aber jeder tollwütige Gegner unseres Glaubens durch Gottes gnädige Weisheit kräftig gefesselt werden kann.

VI.

Das Ergebnis des vorigen ist: die Vollendung einer Person erfordert die Gemeinschaft einer andern Person. Und das Herrlichste, Großartigste sahen wir, ist: nichts haben zu wollen, was man nicht mitteilt. Deshalb wollte die höchst gütige Person einen Mitgenossen ihrer Majestät nicht entbehren. Was sie aber mit ihrem allmächtigen Willen wollte, das mußte durchaus auch sein. Und was sie einmal mit ihrem unveränderlichen Willen wollte, das wollte sie immer. So mußte die ewige Person eine gleichewige haben; keine konnte der andern vorweg existieren, keine im nachhinein folgen. In der ewig-unveränderlichen Gottheit kann nichts als veraltet abtreten, nichts als neu auftreten. So müssen göttliche Personen in jeder Hinsicht gleichewig sein.

In der Tat: Wo wahre Gottheit ist, dort ist höchste Güte, volle Seligkeit. Höchste Güte aber kann, wie gezeigt, nicht ohne vollkommene Liebe sein, und diese nicht ohne Vielheit der Personen. Volle Seligkeit wiederum setzt echte Unveränderlichkeit voraus, und diese ist nur mit Ewigkeit denkbar.

Wahre Liebe fordert Vielheit der Personen, Unveränderlichkeit fordert ihre Ewigkeit.

VII.

Nun beachten wir wohl: wenn wahre Liebe Vielheit der Personen fordert, dann fordert höchste Liebe deren Gleichheit. Höchste Liebe ist dann noch nicht erwiesen, wo einer zwar wirklich geliebt, nicht aber im Höchstmaß geliebt wird. Anderseits herrscht dort nicht geordnete Liebe, wo einer im Höchstmaß geliebt wird, der solcher Liebe nicht wert ist. In der höchsten Güte aber, die auch höchste Weisheit ist, brennt die Flamme der

Liebe nicht anders, auch nicht heftiger, als die höchste Weisheit es verlangt. Der mit dem Überschwang höchster Liebe zu Liebende muß deshalb nach dem Urteil jener weisesten Unterscheidung auch ein höchst Liebenswerter sein. Es gehört aber ferner zum Wesen der Liebe selbst, daß der im Vollmaß Liebende nicht befriedigt ist, wenn der im Vollmaß Geliebte die Liebe nicht auch voll erwidert.

Das Gesetz der vollen gegenseitigen Liebe erfordert also, daß jeder vom andern voll geliebt werde und folglich, nach der erwähnten Norm der Unterscheidung, auch jeder der vollen Liebe würdig sei. Wo aber jeder gleichsehr geliebt werden soll, muß jeder gleich vollkommen sein. Beide müssen also gleich mächtig, gleich weise, gleich gut und gleich selig sein. So fordert die Fülle der Liebe in den sich gegenseitig Liebenden völlig gleiche Vollkommenheit.

Wie also in der wahren Gottheit das Wesen der Liebe die Mehrheit der Personen forderte, so fordert die Unversehrtheit der Liebe in der wahren Vielfalt die volle Gleichheit der Personen. Um in allem gleichrangig zu sein, müssen sie einander in allem gleichen. Man kann einander gleichen, ohne gleichrangig zu sein, kann aber nicht gleichrangig sein, ohne einander zu gleichen. Wenn die Weisheit zweier nicht vergleichbar wäre, wie sollten sie in ihr gleichrangig sein? Und was von der Weisheit gilt, das gilt von der Macht und allen übrigen Eigenschaften.

VIII.

Wir suchten und fanden: wenn zwei sich gegenseitig lieben, dann muß, damit eine grenzenlose Liebe berechtigt sei, jeder die Fülle der Vollkommenheit in sich haben. In beiden wird sich also die Fülle der Macht, der Weisheit, der Güte, der Gottheit finden müssen.

Und so begegnen wir unserm früheren Satz (I, XVII) wieder, dessen Inhalt wir damals nur streiften[4]: die Gottheit, von der sich erwies, daß sie nicht mehreren Substanzen gemeinsam sein kann, zeigt hier, daß sie mehreren Personen gemeinsam sein kann. Jetzt ist dieser Satz ins volle Licht gestellt. Ist aber den sich gegenseitig Liebenden alle Vollkommenheit gemeinsam, dann wird, wenn der eine allmächtig ist, auch der andere es sein; wenn der eine unermeßlich ist, ist es auch der andere, wenn der eine Gott ist, ist auch der andere Gott. Und doch zeigten wir klar: nur Einer kann der Allmächtige, nur Einer der Unermeßliche, nur Einer Gott sein. Was folgt daraus? Dann müssen eben beide derart allmächtig sein, daß sie zusammen nur der eine Allmächtige sind, beide derart unermeßlich sein, daß beide zusammen nur der eine Unermeßliche sind, beide gewißlich derart Gott sein, daß beide zusammen nur der eine Gott sind. Wer aber will das begreifen? Und doch: wenn die Gottheit beiden sicher gemeinsam ist, dann ist beiden gewiß auch die göttliche Substanz gemeinsam, die, wie oben gezeigt, identisch ist mit der Gottheit. So *haben* sie also die einzige Substanz gemeinsam, oder, falls man lieber will, sie *sind* beide diese einzige Substanz. Was Wunder also, wenn sie beide zusammen nur ein Allmächtiger, ein Ewiger, ein Unermeßlicher, ein Gott und Herr sind, sind sie doch beide substantiell Einer.

Du siehst also, auf welch wundersame Art die substantielle Einheit in der Vielheit der Personen und die Vielheit der Personen in der wahren Einheit der Substanz sich durchhält, so daß gilt: "In den Personen die Eigenheit, in der Substanz die Einheit, in der Majestät die Gleichheit"[5].

4   Vgl. oben Buch 1, XVII.
5   Präfation der Dreifaltigkeitsmesse.

IX.

Du wunderst dich vielleicht, wenn du dies hörst oder liesest, wie dort, wo nur eine einzige Substanz ist, mehrere Personen sein können. Aber ist es verwunderlich, wenn der, der in so vielen seiner Werke wunderbar ist, über alles hinaus in sich selber wunderbar ist? Du wunderst dich, daß in der Gottnatur mehr als eine Person ist, wo nicht mehr als eine Substanz ist; wunderst dich aber nicht ebenso, daß in der Menschennatur mehr als eine Substanz ist, wo nicht mehr als eine Person ist. Besteht der Mensch doch aus Leib und Seele, und beide zusammen bilden nur eine Person. So kann der Mensch in sich selber lesen und lernen, was er — im Gegenwurf — über seinen Gott denken soll.

Stellen wir einmal, falls es euch gefällt, nebeneinander, was die schließende Vernunft in der Gottnatur und was die Erfahrung in der Menschennatur vorfindet. Hier wie dort Einheit, hier wie dort Vielheit. Dort Einheit der Substanz, hier Einheit der Person; dort Vielheit der Personen, hier dagegen Vielheit der Substanzen; dort Vielheit der Personen in Substanzeinheit, hier Vielheit der Substanzen in Personeinheit. Somit scheinen sich die Natur von Mensch und Gott wie ineinander zu spiegeln, jede der andern im Gegensatz zu entsprechen. Und so sollen sie auch aufeinander blicken und einander antworten: die geschaffene und die ungeschaffene Natur, die veränderliche und die unveränderliche, die winzige und die ungeheure, die umschreibbare und die grenzenlose.

X.

Fügen wir bei: in jener Vielheit der Personen herrscht volle Ähnlichkeit und höchste Gleichheit; in dieser Vielheit dagegen große Unähnlichkeit und Ungleichheit.

Denn in jener Vielheit der Personen ist die eine wie die andere unverweslich, beide sind unveränderlich, beide unumschreibbar, beide sind gleicherweise mächtig, weise, gut und selig. In der Substanzvielheit, aus der die menschliche Person besteht, ist die eine Substanz körperlich, die andere unkörperlich, die eine sichtbar, die andere unsichtbar, die eine sterblich, die andere unsterblich, auflösbar die eine, unauflöslich die andere, verderblich die eine, unverderblich die andere. Und trotzdem sind sie hinsichtlich der Person so ineinandergefügt, daß sie in Freud und Leid, ich sage nicht untrennbar, sondern sogar ununterscheidbar sind.

So hast du gesehen, wie unähnlich und verschieden die Substanzen der Menschennatur sind, hast ebenfalls vernommen, wie ähnlich und gleichrangig die Personen in der Gottnatur sind. Erkläre mir nun, wenn du kannst, wie sich in so großer Substanzverschiedenheit eine Personeinheit herstellen läßt, dann will ich dir sagen, wie in so großer Personähnlichkeit und Gleichrangigkeit die Substanz eins sein kann. "Nein, erwiderst du mir, ich fasse es nicht, verstehe es nicht, aber was der Verstand nicht faßt, das legt mir doch die Erfahrung nahe." Sehr wohl gesprochen, aber wenn die Erfahrung dich lehrt, daß es in der Menschennatur Dinge gibt, die den Verstand übersteigen, müßte sie dir nicht im gleichen Zug gezeigt haben, daß es in der Gottnatur Dinge gibt, die dein Begreifen überragen?[6]

Der Mensch kann also, von sich selber ausgehend,

6   Bei den Vätern gebräuchlicher Gedanke. So bei Gregor von Nazianz, Or. 20,11 (PG 35, 1077–1079), bei Augustin, De Trin. V, 1,2 (PL 42, 911); ebd. XV, 7,13 (PL 42, 1067).

lernen, was er, gleichsam im Gegenwurf, von dem ihm als Glaubenssatz über seinen Gott Vorgestellten halten soll. Das ist um jener willen gesagt, die die Tiefe der göttlichen Mysterien zu definieren und nach dem Maß ihrer Fassungskraft festzulegen versuchen, und nicht nach der von den heiligen Vätern überlieferten Art, denen das Erlernte und Gelehrte offenkundig vom Heiligen Geist eingegeben wurde[7].

Von der Zweiheit zur Dreiheit

XI.

Aber nun wollen wir in der Ordnung der begonnenen Überlegungen fortfahren. Einsichtig wurde uns die Mehrheit der göttlichen Personen, doch noch nicht ihre Dreifaltigkeit. Mehrheit könnte ja auch sein, wo keine Dreifaltigkeit ist, denn schon die Zweiheit ist Mehrheit. Befragen wir demnach dieselben Zeugen über die Aussage der Dreiheit, die uns vorher die Zweiheit bezeugt haben. Und an erster Stelle möchten wir abermals das Zeugnis der höchsten Liebe einholen.

Höchste Liebe muß allseitig vollkommen sein. Um so vollkommen zu sein, muß sie nicht nur der Intensität, sondern auch der Qualität nach unübertrefflich sein. In der höchsten Liebe darf nicht nur das Größte, sondern auch das Wertvollste nicht fehlen. Dieses aber scheint in der wahren Liebe zu sein: zu wollen, daß der andere so geliebt wird, wie man selbst geliebt wird; in der gegenseitigen Liebe, auch in der brennendsten, ist aber nichts seltener, doch auch nichts großartiger als der Wille, daß der, den du zuhöchst liebst und der dich zuhöchst liebt, einen andern ebensosehr liebe. Die Pro-

---

7 Manche Theologen des Mittelalters nahmen bezüglich der Väter eine echte Inspiration an.

be für die vollkommene Liebe ist somit der Wunsch, daß die einem zuteilgewordene Liebe weitervermittelt werde.

Für den Höchstliebenden, der auch höchstgeliebt zu werden wünscht, liegt die vornehmste Freude in der Erfüllung dieses seines Wunsches, daß die von ihm erwünschte Weise der Liebe sich verwirkliche. Er würde also beweisen, daß er in der Liebe noch nicht vollkommen ist, wenn er noch unfähig wäre, Wohlgefallen zu finden an der Weitergabe seiner eigenen vornehmsten Freude.

So ist es ein Anzeichen großer Schwäche, keinen Mitgenossen der Liebe ertragen zu können. Ihn zuzulassen ist im Gegenteil Anzeichen hoher Vollkommenheit. Und wenn es etwas Großes ist, ihn zuzulassen, so etwas Größeres, ihn freudig willkommen zu heißen, etwas Größtes aber, ihn sehnsüchtig herbeizuwünschen. Groß ist das erste Gut, größer das zweite, am größten das dritte. Teilen wir also dem höchsten Wesen zu, was das Wertvollste ist, dem Besten das Beste.

Wir hatten oben zwei einander Liebende angenommen; nun zeigt sich, daß zur Vollendung ihrer Liebe aus der gleichen Überlegung einer als Mitgenosse der beiden zuteilwerdenden Liebe erfordert wird. Denn wenn die beiden nicht wollten, was die vollkommene Güte erheischt, wo bliebe dann die Fülle des Guten? Und wenn sie wollten, was nicht zu verwirklichen wäre, wo bliebe die Fülle der Macht?

Hier nun zeigt sich ein offenbarer Vernunftgrund dafür, daß der wertvollste Grad der Liebe und damit auch die Fülle des Guten nur dort erreicht ist, wo kein Mangel an Wollen oder Können den Mitgenossen der Liebe, die Vergemeinsamung der vornehmsten Freude ausschließt. Die Höchstliebenden und die Höchstgeliebten wollen also beide in gemeinsamem Wunsch einen Mitliebend-Mitgeliebten[8], den sie wunschgemäß in Eintracht gemeinsam besitzen.

Du siehst jetzt, wie die Vollendung der Liebe die Dreifaltigkeit der Personen erfordert, ohne welche sie in abstrichloser Fülle nicht sein kann. Wo der Inbegriff des Vollendeten waltet, da muß vollste Liebe sein, da muß auch Dreifaltigkeit sein. Nicht nur Mehrheit, sondern wahre Trinität ist in der wahren Einheit, und wahre Einheit in der wahren Dreieinigkeit.

Höchste Seligkeit erfordert Dreieinigkeit

XII.

Wer behauptet, in der wahren Gottheit gäbe es nur zwei sich Liebende: wie wird er das beweisen können? Weshalb sollte ihnen der Mitgenosse ihrer vornehmsten Freude fehlen? Wollten ihn beide nicht haben? Wollte einer von beiden nicht? Und wenn das wäre, wo bliebe dann das Vorrecht der innigsten Liebe, wie sie wahre, vollkommene Freunde immer und notwendig besitzen: die Gleichsinnigkeit, die innerste Eintracht? Und ferner: wenn der eine wollte, der andere nicht wollte, dann könnte keiner seinen Willen durchsetzen, und dann wäre Gott nicht allmächtig. Wenn aber keiner von beiden wollte, daß die ihm erwiesene Liebe mitgeteilt würde, wie könnte man sie dann vom erwähnten Mangel der Liebe entschuldigen?

8 "condilectus": sowohl der Gedanke wie der Ausdruck scheinen von Richard zu stammen, dessen Originalität hier ihren Höhepunkt erreicht. Die gegenseitige Liebe bleibt, bei allem Austausch, darin begrenzt, daß keiner der beiden die Freude, die er — jeder von beiden — an diesem Austausch erlebt, dem andern mitteilen kann. Eben dazu braucht es den Dritten, der gerade das, was beide für sich erleben, von beiden mitgeteilt erhält, wodurch der Liebe erst jedes am "Ich" haftenbleibende Moment genommen wird. Bonaventura weist auf diese Überwindung des Egoistisch-Begierlichen durch die "communicatio dilectionis mutuae" hin: 1 Sent, d 10, a 1 q 1.

Wir wissen auch, daß den vollkommen Weisen nichts entgehen kann. Wenn sie also einander wahrhaft und restlos lieben, wie könnte dann jeder den Liebesmangel des andern wahrnehmen und darob nicht leiden? Und wenn er ihn sieht und leidet, wo bleibt dann die Fülle der Liebe? Wenn er ihn sieht und leidet, wo bleibt dann die Fülle der Seligkeit? Wo immerfort ein Anlaß für Schmerz ist, kann gewiß keine volle Seligkeit herrschen.

So ist aus unzweifelhaftem Vernunftgrund zu schließen, daß die Fülle der Seligkeit jeden Schatten über der Liebe ausschließt, deren Gipfel die Dreifaltigkeit Gottes als absolut notwendig verlangt. Du siehst, daß Güte und Seligkeit im Einklang die Dreifaltigkeit verkünden und wie sie ihr Zeugnis gegenseitig bestärken.

Fülle der Glorie erfordert Dreieinigkeit

XIII.

Ja, das wäre ein arger Mangel an Liebe: keinen Mitteilnehmer der Liebe ertragen zu können. Wer wüßte das nicht, wer wollte es verhehlen?

Wäre dieser Mangel in den beiden einander Liebenden, so fände jeder nicht bloß im andern einen Anlaß des Leidens, sondern in sich selbst einen Grund zum Erröten. Ein echter intimer Freund muß über wahrgenommene Fehler des Geliebten schmerzlich bewegt sein, er muß sich aber auch angesichts seines Freundes der eigenen Fehler schämen. Und wenn jene beiden göttlichen Personen voreinander erröten müßten, wo bliebe dann die Fülle der Glorie, die doch der wahren Gottheit keinesfalls abgehen kann? Jedoch: wie höchste Seligkeit keinen Anlaß zum Leid in sich bergen kann, so kann Fülle der Glorie keinen Grund zum Erröten beherbergen. Jedermann sieht: Es ist reiner Wahnsinn, auch nur irgendwie zu argwöhnen, die höchstselige Majestät möchte etwas in sich bergen, was die Strahlungskraft ihrer Glorie im geringsten trübte.

Sieh, wie abermals die Fülle der Güte, der Seligkeit und der Glorie in Gott sich im Zeugnis für die eine Wahrheit begegnen, und was aufgrund ihres klaren Hinweises von der göttlichen Liebe in der Vielheit der Personen zu halten ist. Jeden Argwohn eines Mangels in der höchsten Liebe verurteilen sie einmütig und verkünden ebenso die letzte Erfüllung der Liebe in ihr. Damit die Liebe wahr sei, fordert sie die Vielheit der Personen; damit sie sich ganz vollende, deren Dreifaltigkeit.

Liebesgemeinschaft in der Dreieinigkeit

XIV.

Da so viele Gründe uns keine Ausflucht mehr gestatten, müssen wir einräumen: jede Person in der Gottheit ist so großmütig, daß sie keinerlei Schätze, keinerlei Freuden unmitgeteilt für sich haben will. Und weil Gott so mächtig ist, daß ihm nichts unmöglich ist, so selig, daß ihm nichts schwerfällt, muß man folgern, daß die Dreifaltigkeit der göttlichen Personen schlechthin notwendig ist.

Damit das noch deutlicher werde, wollen wir das breit Ausgeführte in Kürze zusammenfassen.

Wäre ein Gott nur eine Person, dann hätte sie niemanden, dem sie die Reichtümer ihrer Größe mitteilen könnte. Und hinwieder wäre sie auf ewig des süßen Glücks beraubt, mit dem innige Liebe sie hätte bereichern können. Wenn aber die volle Güte dem höchst guten Gott nicht gestattet, seine Schätze geizig zurückzubehalten, so gestattet die volle Seligkeit dem ganz seligen Gott auch nicht, sie zu entbehren, und zur Verherrlichung seiner Majestät erfreut er sich ebensosehr daran, sie großmütig zu verschwenden wie in ihrem Genusse zu sein. Daraus ersiehst du von neuem, wie unmöglich es ist, daß in Gott eine Person der Gemeinschaft der andern entbehre.

Gesetzt aber, es wäre nur ein Mitgenosse da, dann könnte Gott zwar seinen herrlichen Reichtum verschenken, hätte aber niemanden, dem er das Entzücken restloser Liebe mitteilen könnte. Es gibt aber gerade nichts Erfreulicheres, nichts Herzerquickenderes als den Jubel selbstloser Liebe. Solchen Jubel müßte einer, der im Empfang der ihm zuteilwerdenden Liebe keinen Mitgenossen hätte, einsam erfahren. So kann also die Kommunion in der Liebe nur stattfinden, wenn drei Personen da sind. Und nichts ist, wie gesagt, glorreicher, nichts großmütiger auch, als alles Nützliche und Erfreuliche, das man besitzt, zu etwas Gemeinsamem zu machen. Das weiß die höchste Weisheit sehr wohl, und es muß der höchsten Güte sehr wohlgefallen, und im gleichen Maß wie die Seligkeit des Allmächtigen und die Macht des Allseligen dieses Wohlgefallen verwirklichen muß, muß auch den beiden Personen in Gott die dritte beigesellt werden.

XV.

Gerade die Vollkommenheit der einen göttlichen Person verlangt, so ist wohl zu bedenken, das Hinzutreten einer andern, und entsprechend fordert die Vollkommenheit dieser beiden die Beifügung der dritten. Denn damit jede der beiden voll geliebt werden kann, muß, wie schon ausgeführt, jede selber ganz vollkommen sein: in beiden muß nicht nur eine einzige höchste Weisheit, eine einzige höchste Macht sein, sondern ebenso eine einzige höchste Großmut. Einer solchen aber muß es eignen, ihre ganze überschwengliche Fülle in die Gemeinsamkeit hinzuschenken. Damit nun in beiden Personen dieselbe Großmut bestehe, müssen beide in einhelligem Wunsch und Beschluß einen Mitgenossen ihrer lautersten Freude fordern.

Wo zwei in gegenseitiger Liebe einander in höchster Sehnsucht umarmen und jeder in der gegenseitigen Liebe höchstes Entzücken findet, da liegt der Gipfel der Freude des einen gerade in der innigsten Liebe des andern, und umgekehrt: der Gipfel der Freude des andern in der Liebe des ersten.

Solange nun dieser in Ausschließlichkeit vom andern geliebt wird, ist er, wie man sieht, der einzige Besitzer seines süßen Entzückens, und der andere desgleichen. Solange sie keine Mitgeliebten haben, kann das Beste der Freude eines jeden nicht vergemeinsamt werden[9].

Damit beide in ihrer Freude kommunizieren können, bedürfen sie eines Mitgeliebten. Wo demnach die beiden einander Liebenden so großmütig sind, daß sie jeden möglichen Wert vergemeinsamen wollen, da müssen beide, wie gesagt, in einhelligem Wunsch und Beschluß den Mitgeliebten fordern und ihn auch, da sie allmächtig sind, ihrem Wunsche gemäß besitzen.

Fülle der Macht und Weisheit könnte von nur einer Person besessen werden.

XVI.

Zwischen den Freuden der Liebe und denen der Weisheit herrscht dieser große Unterschied: die Freuden der Weisheit pflegt man aus dem eigenen Herzen zu schöpfen, die Freuden innigster Liebe dagegen aus dem fremden Herzen. Wer herzlich liebt und herzlich geliebt sein will, der ist nicht in Freude, sondern eher in Angst,

9 Vgl. oben Kp. XI.

wenn er die Liebesfreude, nach der er dürstet, nicht aus dem Herzen des Geliebten schöpfen kann. Die Freuden der Weisheit dagegen ergötzen dann am meisten, wenn man sie aus dem eigenen Herzen gewinnt.

Man sagt also nichts der Natur Widersprechendes, wenn man behauptet, die Fülle der Weisheit könnte auch mit der Einzahl der Person zusammen bestehen. So scheint es wenigstens: auch eine einzige Person in Gott könnte die Fülle der Weisheit besitzen.

Fülle der Weisheit aber besteht nicht ohne Fülle der Macht, und auch das Umgekehrte ist wahr. Denn Fülle der Weisheit hätte der gewiß nicht, der nicht wüßte, wie er sich das, was ihm zur Allmacht fehlte, verschaffen könnte. Umgekehrt hätte auch der die Allmacht gewiß nicht, der unwillig einen Mangel an Weisheit ertragen müßte. Die Fülle des einen ist also nicht denkbar ohne die des andern.

Deshalb ist das von der Weisheit Gesagte auch auf die Macht auszudehnen. Da beide auf diese Weise zusammenhängen, hat es den Anschein, als könne Fülle der Macht und der Weisheit mit der Einzigkeit der Person zusammenbestehen.

Fülle der Seligkeit erfordert zwei Personen

XVII.

Im Gegensatz dazu kann wahre und volle Seligkeit nicht ohne Gezweiung der Personen bestehen. Das Ausgeführte zeigt es aufs klarste. Wäre in der wahren Gottheit nur eine Person, an wen sollte sie die höchste Liebe verschwenden, und wer würde ihr mit höchster Liebe erwidern? Wie käme es denn zu dem süßen Überschwang, den man, wie gesagt, nicht sosehr aus dem eigenen als aus dem fremden Herzen zu schöpfen pflegt? Und nichts ist süßer als diese Freude, nichts ergötzlicher, nichts heilsamer, rühmenswerter, erheiternder. Wie aber hätte dann die göttliche Seligkeit ihren vollen Überschwang erreicht, wenn ihr diese höchste Freude, dieser höchste Jubel immer entgangen wäre?

Somit fordert Seligkeit die Gezweiung, um ihre eigene Fülle darleben zu können.

Vollkommenes Gutsein erfordert Dreieinigkeit

XVIII.

Niemand lasse sich verwirren, niemand entrüste sich, wenn wir zum bessern Verständnis der göttlich-überweltlichen Dinge uns dieser menschlichen Redeweise bedienen. Wir Arme nehmen sie deshalb so vertrauensvoll in Gebrauch, weil wir ja sehen, wie auch die Heilige Schrift sie immer wieder verwendet.

Der höchste Grad der Güte scheint dort erreicht, wo man eine höchste Liebe erweist, ohne dafür eine Bereicherung eigenen Genusses zu erwarten. Aus dem vorigen ist aber schon klar geworden, daß dieser höchste, vollkommenste Grad in der bloßen gegenseitigen Liebe zweier nicht erreicht werden kann. Denn hier schenkt jeder der Liebenden seine Liebe und schöpft sich dabei gewiß die honigfließenden Reize der Liebe, die ein Einziger, Einsamer sich nirgendwoher verschaffen könnte. So schwellt der Haufe der Freuden und Reize für beide dadurch gewaltig an, daß durch erwiesene und entgegengenommene Liebe eine Schicksalsgemeinschaft entsteht. Daraus wird aber klar, daß in Gott der höchste Grad der Großmut nicht statthaben könnte, wenn im Kreis der Personen die dritte fehlte; denn in der bloßen Zweiheit könnte keiner der beiden die vornehmlichsten seiner Ergötzungen bekanntgeben.

So verstehen wir, daß die wahre und höchste Güte solange unabgeschlossen bleibt, als die Ergänzung zur Trinität fehlt.

XIX.

Die vielen Überlegungen zum Erweis der Dreifaltigkeit können durch einen kurzen und lichtvollen Gedanken bestärkt werden.

Bedenken wir einmal sorgsam Wert und Eigenschaften der Mitliebe, dann wird uns das Gesuchte rasch zufallen. Wenn einer einem andern Liebe schenkt, wenn ein Einsamer einen Einsamen liebt, dann ist zwar Liebe vorhanden, aber die Mitliebe fehlt. Wenn zwei sich gegenseitig gern haben, einander ihr Herz in hohem Sehnen schenken, und der Liebesstrom von diesem zu jenem, von jenem zu diesem fließt, und gegenläufig je auf Verschiedenes zielt, dann ist zwar auf beiden Seiten Liebe da, aber die Mitliebe fehlt. Von Mitliebe kann erst dann gesprochen werden, wo von zweien ein dritter einträchtig geliebt, in Gemeinsamkeit liebend umfangen wird und die Neigung der beiden in der Flamme der Liebe zum Dritten ununterschieden zusammenschlägt.

Diese Mitliebe würde in der Gottheit fehlen, wenn neben den zweien die dritte Person ausbliebe. Denn wir reden ja hier nicht von irgendeiner, sondern von der höchsten Mitliebe, deren eine Kreatur von seiten des Schöpfers niemals würdig wäre, die sie niemals verdiente[10].

Wer vermöchte würdig zu schildern, welcher Wert der höchsten und schlechthin vollkommenen Großmut eignet? Wer könnte nach Verdienst schildern, worin die Würde der innigsten höchsten Eintracht besteht? Und

10 Vgl. oben Buch 3, II.

wenn die Würde dieser beiden Wertigkeiten für sich genommen schon so groß ist, wie groß wird sie erst, wenn beide sich gegenseitig begründen, die eine sich aus der andern verherrlicht, diese durch jene zur Vollendung gelangt? In der Tat: Was ist die innigste und höchste Mitliebe anderes als der Zusammenfluß der innersten Großmut und der höchsten Eintracht?

Die Frucht dieser höchsten Würde und überragenden Erhabenheit darf im höchsten Guten und schlechthin Vollkommenen nicht fehlen, sie fordert deshalb die Dreifaltigkeit der Personen.

XX.

Beachte nun, wie das Band der dritten Person allenthalben die Gesinnung der Mitliebe verbreitet, die Mitliebesgemeinschaft durch alle hindurch und in allen begründet.

Nimm irgendeine der Personen: die beiden andern lieben sie wie aus einem Herzen. Betrachte eine andere, wieder siehst du, wie die übrigen in der Liebe zu ihr übereinstimmen. Gehe zur dritten über, so siehst du, wie die Liebe der andern beiden in gleicher Gesinnung auf sie zufließt.

In solcher Mitherzlichkeit ist das Seil der Liebe dreifach geschlungen; eben dort, wo man an ein Nachlassen der Liebe hätte denken können, wird sie aufgrund verstärkter Mitgenossenschaft sicherer eingegründet. Du siehst, wie durch die trinitarische Mitbruderschaft der dritten Person die überall herrschende mitherzliche Liebe und mitgemeinschaftliche Neigung jedes Abgleiten in einsame Ausschließlichkeit verhindert[11].

11 In vielen Variationen erscheint hier das "Mit" (con-). Richard bewegt sich damit in der Linie der westlichen Trinitätslehre, in der der Heilige Geist aus zwei Personen hervorgeht und deshalb das Band der Gemeinschaft von Vater und Sohn erscheint. "Societas est quodammodo Patris et Filii ipse Spiritus Sanctus": Augustin, Sermo 71, 20, 33 (PL 38, 463).

Zur Setzung der Dreifaltigkeit laufen, wie man sieht, so starke, so kostbare Wahrheitszeugnisse zusammen, daß einer von Sinnen sein müßte, wenn er sich davon nicht zufriedengestellt erklärte.

Vollkommene Gleichheit in der Dreieinigkeit

XXI.

Was wir zunächst von zwei Personen bewiesen, gilt mit gleichem Grund von den dreien: weil jede vollkommen ist, verdient sie von jeder aufs höchste geliebt zu werden, und sie wird es auch. Volle Glückseligkeit will volle Freude, und diese setzt volle höchste Liebe voraus. Diese wieder fordert höchste Vollkommenheit.

Und wo alle gleich vollkommen sein müssen, müssen sie auch in einer höchsten Gleichheit zusammenstimmen. Ihre Weisheit ist gleich, ihre Macht ist dieselbe, ununterschieden ihre Herrlichkeit, gleichgestaltig ihre Güte, ewig ihre Seligkeit, so daß unser tägliches Bekenntnis nach der kirchlichen Ordnung zu Recht sagt, daß "den Dreien eine einzige Gottheit, eine gleiche Glorie, eine gleichewige Majestät zukommt"[12]. Keiner ist größer als der andere, keiner geringer, keiner ist vorher, keiner nachher. In der Dreifaltigkeit sind alle Personen mit-gleich und mit-ewig; wären sie nicht mit-ewig, so wären sie auch nicht mit-gleich.

XXII.

In der höchsten, allseits vollkommenen Gleichheit der Personen ist das höchste, höchst einfache Sein allen gemeinsam. Für alle drei ist deshalb Sein dasselbe wie Leben, Leben dasselbe wie geistige Einsicht, Einsicht dasselbe wie Macht. Kein Unterschied herrscht dort zwi-

12 Symbolum Athanasianum.

schen Weisheit und Macht, Macht und Wesen und so fort. Du siehst: Immer dasselbe Ganze waltet in jeder Person.

Herrscht die höchste Vollkommenheit in der Gleichheit und die höchste Gleichheit in der Vollkommenheit, dann eignet jeder einzelnen Person wie allen gemeinsam die Fülle der Weisheit, jeder einzelnen und allen gemeinsam die Fülle der Macht. Diese ist dasselbe wie Allmacht; und von ihr wissen wir, daß sie alles kann. Kann sie aber alles, dann wäre es ihr ein Leichtes, jede andere Macht in Ohnmacht zu verwandeln. Deshalb kann die Allmacht auch nur eine sein. Wir sahen aber oben, daß die Allmacht identisch ist mit dem göttlichen Wesen. Ist es also allen Personen gemeinsam, Allmacht zu haben, ja zu sein — weil Sein und Haben in Gott ja zusammenfällt —, dann ist ihnen auch die eine und einzige Wesenheit gemeinsam. Denn diese kann, wie die Allmacht, nur eine sein. Und so ist nicht allein jede Person dasselbe wie das Ganze, sondern jede einzelne ist auch dasselbe wie jede andere.

In jeder herrscht also die höchste Einfachheit, in allen gemeinsam die wahre und höchste Einheit, und überall, wenn du es recht bedenkst, eine wundersam-unbegreifliche Identität.

XXIII.

Das über die Gleichheit der Personen Gesagte kann richtig und kann falsch aufgefaßt werden. Da die Personen sosehr einfach und eins sind, scheint eher Identität als Gleichheit zu walten. Drei goldene Statuen, alle aus gleich lauterem Metall und von gleichem Gewicht und der Gestalt nach vollkommen ähnlich, können wir nach unserem Sprachgebrauch "gleich" nennen; aber eine solche Gleichheit ist himmelweit entfernt von der Dreifaltigkeit der göttlichen Personen. Bei den gleichen Statuen ist die Masse Gold der einen nicht die gleiche wie die der andern; darin ist jede von der andern verschieden[13].

Nichts derartiges darf von der wahren und höchsten Dreifaltigkeit angenommen werden, als stünde dort das eine neben dem andern, und zwischen diesen bestünde Gleichheit. Denn wir zeigten schon: was in der einen Person sich findet, das findet sich als Selbes und Ganzes auch in jeder der andern. Drei vernunftbegabte Geistwesen nennen wir gleich, wenn jedes ebenso mächtig, weise, lauter, gut ist wie das andere; in einer solchen Dreieinigkeit von Geistern sind zwar wohl drei Personen, aber auch drei Substanzen. Die höchste Dreifaltigkeit aber waltet in der Einheit der Substanz. In jener ersten Dreiheit stehen anderes und anderes einander gegenüber, wenn auch in Gleichheit; aber solche Gleichheit ist weit entfernt von der göttlichen Dreifaltigkeit. Wir sprechen in der höchsten Dreifaltigkeit von Gleichheit der Personen insofern, als das höchste und allereinfachste Sein in der gleichen Fülle und Vollkommenheit, in der es einer Person gehört, auch den beiden andern zukommt.

XXIV.

Natürlich ist die eine und selbe Substanz nicht größer oder geringer, besser oder schlechter als sie selbst. Somit wird in der Dreifaltigkeit keine Person größer oder besser sein als irgendeine andere, da in Wahrheit einer jeden die eine und selbe Substanz zukommt. Diese ist sowohl in jeder einzelnen Person wie in allen zusammen die eine und selbe. So sind auch nicht zwei von ihnen zusammen etwas Größeres und Besseres als jede für sich, auch nicht drei zusammengenommen als zwei

13 Das Bild stammt von Augustinus, De Trin. VII, 6, 11 (PL 42, 943); VIII, 1, 2 (ebd. 947–948).

oder bloß eine. In jener Dreiheit dagegen, die aus mehreren Substanzen besteht, ist eine allein weniger als zwei, und zwei sind weniger als alle drei zusammengenommen.

Begreife demnach, wie unbegreiflich diese in jeder Hinsicht und Beziehung waltende Mitgleichheit der Größe in der höchsten Dreifaltigkeit ist, wo die Einheit der Mehrheit nicht nachsteht und die Mehrheit die Einheit nicht übertrifft.

XXV.

Auf daß du aber die Gleichheit der göttlichen Personen noch tiefer bewunderst, achte auf etwas, was von allen übrigen Personen gilt: in jeder beliebigen von ihnen geht die Einzelheit nicht ohne Vielheit, und die Vielheit nicht ohne Ungleichheit ab. Ich meine jetzt nicht, daß sie auch zunehmen oder abnehmen, und damit sich selbst gegenüber ungleich werden kann. Ich meine auch nicht, daß ihre Macht nicht dasselbe ist wie ihre Weisheit, und ebensowenig wie ihre Gerechtigkeit, auch kann sie in der einen Hinsicht größer, in der andern geringer sein, besser oder schlechter. Und gewiß kann auch ihre Macht an sich, ihre Weisheit an sich sich selber gegenüber unähnlich und selber ungleich sein, und dasselbe gilt auch für alle sonstigen Eigenschaften. Blicke auf die Macht einer Person, und du siehst: das eine fällt ihr leicht, das andere schwer, ein weiteres ist ihr unmöglich; und so ist sie sich selbst gegenüber unähnlich und ungleich. Entsprechend die Weisheit: das eine versteht sie, das andere nicht. Menschliche oder englische Vernunft wird nie, um vom übrigen zu schweigen, die Unermeßlichkeit Gottes begreifen. Sofern also eine und dieselbe Natur hier wirksamer, dort schwächer ist, ist sie teils größer, teils kleiner, sich selber unähnlich und ungleich. Man kann daraus folgern: Wo keine echte Einfachheit herrscht, kann auch keine Gleichheit sein.

In der Dreifaltigkeit dagegen ist nie eine Person sich selber unähnlich oder in einer Beziehung einer andern ungleich. Es ist klar: Wo wahre Ewigkeit ist, kann es kein Früher und Später geben, und wo unveränderliche Unermeßlichkeit ist, kein Größer oder Kleiner. Die Personen aber, denen die gleiche Weise des Ewig- und Unermeßlichseins eignet, sind für keinerlei Ungleichheit oder Veränderlichkeit anfällig. Weil dort *keinerlei Wandlung oder Schatten einer Veränderung herrscht* (Jk 1,17), ist dort auch nichts früher, nichts später, nichts größer, nichts kleiner, alle drei Personen sind einander mit-ewig und mit-gleich.

Sieh, nun haben wir mit klaren und vielfachen Gründen bewiesen, wie wahr das ist, was wir zu glauben geheißen werden: "daß wir einen Gott in der Dreifaltigkeit und die Dreifaltigkeit in der Einheit verehren"[14].

14 Symbolum Athanasianum.

IV. BUCH
VON DEN PERSONEN

Vom Ausgleich zwischen Vielheit der Personen und Einheit der Substanz

I.

Zu Beginn dieses Werkes haben wir unsern Glauben an die Einheit der göttlichen Substanz so einsichtig bewiesen und mit so durchsichtigen Vernunftgründen aufgezeigt, daß einem, der achtsam hinschaut, kein Zweifel verbleiben dürfte, nicht einmal ein leises Zögern. Desgleichen hat sich uns daraufhin unser Glaubenssatz von der Vielheit der Personen in einem so kostbaren Vernunftgang nahegelegt und so vielfache Gründe haben diesen gestützt, daß nur ein Geistesschwacher sich mit solcher Bezeugung der Wahrheit nicht zufrieden geben wollte. Blickt man gesondert auf diese beiden Komplexe von Überlegungen und Sätzen, so erscheinen sie durchaus glaubhaft und wahr.

Aber sobald wir sie miteinander vergleichen und uns fragen, wie sie gleichzeitig wahr sein können, braucht es die ganze Festigkeit des Glaubens, um nicht gleich wieder in Frage zu ziehen, was uns das vielfache Nachdenken nahegelegt hatte. Denn keineswegs leicht fällt es dem Menschengeist anzunehmen, daß dort mehr als eine Person sein kann, wo nur eine Substanz ist.

Hier liegt denn auch der Ursprung der unzähligen Irrtümer der Ungläubigen, hier der Grund für die zahlreichen Häresien derer, die sich von der Kirche getrennt haben. Die einen zerreißen die Einheit der göttlichen Substanz, die andern vermögen die Vielheit der Personen nicht durchzuhalten. So stehen Arianer und Sabellianer als sich widersprechende Sekten gegeneinander. So suchen auch heutzutage manche dem Ausdruck Person verschiedene Bedeutungen zu unterlegen und verdunkeln damit diese tiefverborgene Wahrheit, die sie erhellen sollten, noch mehr. In der Tat, wer im Ausdruck

Person einen gemeinsamen und einen für jede besonderen Sinn unterscheiden will, der soll sich nicht einbilden, er könne mehrere so verstandene Personen in der Einheit der Substanz bestehen lassen.

II.

Doch sag mir: Ist es denn so, daß diese Einheit der Dreifaltigkeit und Dreifaltigkeit der Einheit, die wir glaubend aussagen, deshalb nicht sein kann, weil sie unfaßbar ist? Könnte ein vernünftiger Mensch so urteilen, eine solche Behauptung wagen? Wie vieles gibt es, was die menschliche Vernunft nicht versteht, obschon es nach vielfacher Erfahrung dem Menschengeist nicht verborgen sein kann. Erkläre mir doch, wenn du kannst, eine Sache, an der kein Zweifel möglich ist: Wie kommt es, daß das leibliche Auge den Ort nicht wahrnehmen kann, wo es ist, dagegen im Sehen Orte wahrnimmt, an denen es durchaus nicht ist? Am Himmel, wo es gewiß nicht ist, sieht es den Stern stehen, schließt sich aber das Lid über ihm, dann kann es dieses, unter dem es verdeckt ist, nicht sehen. Die andern Körpersinne nehmen bloß wahr und unterscheiden, was sie in unmittelbarem Kontakt berühren, nur das Auge versagt dem Berührenden gegenüber und zeigt sich Fernem und Fernstem gegenüber wirksam. Kannst du leugnen, daß es sich so verhält, selbst wenn du die Erklärung dafür nicht hast? Erkläre mir ferner, wenn du es vermagst — und zu leugnen wagst du es nicht — wie in dir selber Leib und Seele von so verschiedener Natur sind und dennoch eine einzige Person bilden, dann magst du von mir fragen, wie in der allereinfachsten und gemeinsamen Natur die Dreifaltigkeit der Personen eine einzige Substanz bilden kann. Wenn schon unbegreiflich ist, was der Mensch durch Erfahrung weiß, um wieviel mehr dann das, was keine menschliche Erfahrung erreicht!

Wenn du entgegnest, an Erfahrungstatsachen wollest du keineswegs zweifeln, auch wenn ihre Erklärung anscheinend den Menschengeist übersteigt, dann will ich dies beifügen: es gibt auch Dinge, an deren Existenz du nicht zweifelst, obwohl sie unbegreiflich und zudem durch Erfahrung nicht erweisbar sind. Es gibt sogar vieles, wofür ein klarer Beweisgrund besteht, und das der Mensch trotzdem nicht fassen kann. Verstehst du die Ewigkeit Gottes? Und doch kannst an ihr nicht zweifeln. Zweifelst du an Gottes Unermeßlichkeit, obwohl sie dir unfaßbar ist? Wird Gottes Allmacht von allen verstanden, die sie verkünden und glauben? Befrage der Reihe nach die Theologen, sie werden dir alle sagen, daß Gottes Macht eins ist mit seiner Weisheit, und seine Güte eins ist mit diesen beiden. Fragst du aber, was diese drei Eigenschaften nun sind, dann findest du nichts anderes als das göttliche Wesen. Soweit ist alles klar und unverborgen, darin stimmen alle Theologen überein und verteidigen es gemeinsam.

Aber nun sehen wir einmal zu, welche dieser beiden Tatsachen verständlicher ist: daß das eine Wesen jene drei Attribute sei oder daß die drei Personen das eine Wesen seien? Beides ist unverständlich, keins der beiden aber nicht glaubhaft.

Daraus jedoch ist meiner Meinung nach die Theorie einiger entstanden, die Bedeutung von "Person" ändere sich je nach der Anwendung. Sie behaupten, der Ausdruck Person bedeute zuweilen die Substanz, zuweilen die Subsistenzen, zuweilen die Eigentümlichkeiten der Personen. Er bezeichnet nach ihnen die Substanz, wenn er im Singular gebraucht wird, nie im Plural, damit es nicht den Anschein habe, man wolle drei Substanzen aussagen. Um aber zu beweisen, daß die personalen Eigentümlichkeiten "Personen" seien, ziehen sie einen

Ausspruch des Hieronymus[1] bei: "Die Irrlehre der Sabellianer vermeidend, unterscheiden wir drei Personen,
die durch ihre Eigentümlichkeiten ausgedrückt werden.
Denn nicht nur Namen bekennen wir, sondern Eigenschaften, die durch diese Namen bezeichnet werden,
nämlich die Personen oder, wie die Griechen sagen, die
Hypostasen, das heißt Subsistenzen." Doch scheint
mir Hieronymus in diesen Worten keineswegs mit Personen die Eigentümlichkeiten der Personen zu bezeichnen, vielmehr die Eigentümlichkeiten der Namen; das
heißt die Wirklichkeiten, auf die jeweils die Personen-
namen hinweisen.

Vom Wesen der Person

IV.

Lassen wir den Ausdruck Hypostasis beiseite, in dem
laut Hieronymus ein gewisses Gift stecken kann, lassen
wir, die wir nicht Griechen sind, das griechische Wort
auf sich beruhen; aber am Ausdruck Subsistenz können wir nicht schweigend vorübergehen[2]. Manche deuten die Personen so, daß sie Subsistenzen seien, und sie
reden dann (reden mehr, als daß sie es einsichtig mach-
ten) von drei Subsistenzen und einer Substanz in der
einen Gottheit. Sie reden davon im Vorbeigehen und
erklären es nicht, als ob jeder Leser verstehen müßte,
daß es drei Subsistenzen geben kann auch dort, wo es
nur eine Substanz gibt. Ich will diese ihre Ansicht nicht
kritisieren, nicht tadeln, will nicht behaupten, sie sei

---

1 Der im Mittelalter öfter angeführte Text stammt nicht von Hieronymus (Ep. 16, PL 30, 176), sondern ist ein Glaubensbekenntnis des Pe-
lagius (vgl. bei Augustinus, De gratia Christi, PL 39, 2182).
2 Richard vermeidet eine Komplizierung des Problems durch Einführung neuer, griechischer Termini; er versucht die bei den lateinischen
Theologen – nicht immer auf gleiche Art – verwendeten möglichst
scharf zu umreißen.

falsch; aber ich muß gestehen, daß diese Darlegung meinen einfachen Geist nicht befriedigt.

Wolltet ihr meinesgleichen genugtun, dann müßtet ihr mir zuerst den Sinngehalt von Substanz und Subsistenz sorgfältig bestimmen, und nach der gegebenen Bestimmung zeigen, wie es mehr als eine Subsistenz geben kann, wo nur eine Substanz ist. Denn was nützt es mir sonst, wenn mir Unbekanntes durch noch Unbekannteres erklärt wird? Der Ausdruck Person ist in aller, auch der Ungebildeten Mund; den Ausdruck Subsistenz kennen nicht einmal alle Gebildeten. Wie sollten also einfachere Geister aus seinem Inhalt, den sie nicht kennen, ersehen können, daß in der Einheit der Substanz drei Subsistenzen und ebendamit drei Personen sein können? Wie kann man sich mit einer Lehre begnügen, die einen Knoten durch einen andern löst?

Weil ich in diesem Werk auch Einfacheren dienlich sein und nicht sozusagen Minerva belehren möchte, werde ich mich mit Gottes Hilfe bemühen, die Bedeutung nicht sosehr der Subsistenz als vielmehr der Person abzugrenzen und von der gegebenen Bestimmung aus zu erweisen, wie eine Mehrheit von Personen mit der Einheit der Substanz vereinbar sei.

V.

Ich will mit Freimut sagen, was ich denke und mit Festigkeit und ohne Zögern glaube: der Ausdruck Person ist in bezug auf das hohe und übererhabene Mysterium der Trinität keineswegs ohne göttliche Inspiration und das Lehramt des Heiligen Geistes eingeführt worden.

Rufen wir uns in Erinnerung, wie der gleiche Geist so viele Geheimnisse unseres Glaubens, unserer Erlösung, Heiligung und Verherrlichung durch den Mund der Propheten vorausgesagt, durch den Mund der Evangelisten beschrieben, durch den Mund der Kirchenlehrer erklärt hat. Wer dies aufmerksam bedenkt, wird in keiner Weise glauben können, daß der Geist diesen erhabensten Artikel unseres Glaubens, das allerheiligste und allergeheimste Mysterium der Dreifaltigkeit, den Namen, der nach seinem Willen von jedem Herzen geglaubt und von jedem Mund im Bekenntnis ausgesagt werden soll, daß er dies der Willkür der Menschen überließ und nicht vielmehr durch seine Inspiration ordnete.

Sagen wir also, daß jene, die den Ausdruck Person zum erstenmal auf Gott anwandten, es aufgrund einer Nötigung taten, um eine Antwort zu haben für die Fragenden, was denn nun diese drei in der Dreieinigkeit seien, und nicht sagen konnten, es seien drei Götter. Der Heilige Geist weiß es, daß es aus einer Nötigung geschah, und er, der ihre Herzen lenkte, weiß auch, in welchem authentischen Sinn dieser Ausdruck verwendet werden sollte.

Sind wir davon überzeugt, dann wollen wir unsern Eifer darauf verwenden, zu suchen nicht sosehr welchen ursprünglichen Sinn die menschliche Sprache mit dem Wort verband, nicht einmal aus was für Motiven es später auf die Theologie übertragen wurde, sondern welchen wahren Sinn der Geist der Wahrheit denen zeigte, die diese Übertragung vornahmen, wie sie nun in der lateinischen Kirche allgemein üblich ist.

Kein Urteil aber ist gewisser als eines, das aus dem allgemeinsten Verständnis des menschlichen Geistes herstammt[3]. Ich möchte deshalb von dem ganz einfachen und allgemeinen Verständnis ausgehen, das jeder besitzt, wenn er von Person reden hört, um von hier aus unsern Standpunkt zu begründen.

3 Vgl. oben Buch 1, XX .

VI.

Gehen wir davon aus, was ja schon vielfach von andern[4] festgestellt wurde, daß Person auf den Bereich der Substanz zielt und eine Aussage über diese zu sein scheint. Trotzdem ist ein großer Unterschied zwischen dem Bedeutungsgehalt der beiden Worte. Damit das klarer werde, wollen wir ins einzelne gehen. Daß "Lebewesen" auf die Substanz zielt, kann niemand leugnen noch bezweifeln. Doch ist der Unterschied zwischen beiden Gehalten groß. Unter Lebewesen versteht man die belebte und sinnlich fühlende Substanz. Lebewesen bedeutet wohl die Substanz, aber bezieht in seine Bedeutung etwas weiteres hinein. Der Name Lebewesen besagt die Substanz mit einer spezifischen Differenz. Entsprechend besagt der Name Mensch ein Lebewesen und ebendamit eine Substanz; ist er doch vernünftiges sterbliches Lebewesen. In seiner entscheidenden Bedeutung schließt er die mitbedeutete Differenz ein. Lebewesen besagt Substanz, aber nicht irgendeine, sondern eine sinnlich fühlende; Mensch bezeichnet nicht jede sinnlich fühlende, sondern eine vernünftige. Nie aber wird von Person gesprochen außer bei der vernunftbegabten Substanz. Dazu kommt noch eins: wenn wir von Person sprechen, meinen wir immer eine einzige, einzeln seiende Substanz.

Also: Wer Lebewesen sagt, hat in den Begriff Substanz eine allen Lebewesen eignende Eigenschaft miteinbegriffen; wer Mensch sagt, hat eine allen Menschen eignende Eigenschaft miteinbegriffen, und wer Person sagt, hat eine Eigentümlichkeit miteinbegriffen, die nur je einem einzigen zukommt, ihn aber nicht soweit fest-

4 Vorab Augustinus (De Trin. VII, 6, 11; PL 42, 943), Boethius (De Trin, PL 64, 1253–1255), Anselm (Monol. 78, PL 158, 221).

legt, wie der Eigenname es tut. Im einen Fall wird eine gattungshafte Eigenschaft miteinbegriffen, im andern eine arthafte, beim Ausdruck Person aber eine individuelle, einzigartige, unmitteilbare.

Daraus ist leicht ersichtlich, daß die Bedeutung von Substanz und von Person eine durchaus verschiedene ist.

VII.

Überlegst du recht sorgfältig, dann merkst du: Substanz bezeichnet nicht sosehr ein Wer als ein Was. Umgekehrt bezeichnet Person nicht sosehr ein Was als ein Wer.

Ist ein Gegenstand so entfernt, daß wir ihn nicht unterscheiden können, so fragen wir: Was ist das?, und gewöhnlich antwortet man uns: Ein Tier, ein Mensch, ein Roß usf. Kommt das Ding aber so nah, daß man unterscheiden kann: es ist ein Mensch, so fragen wir nicht mehr: Was, sondern wer ist das? Und dann wird uns gesagt: Es ist der Mattäus, der Bartolomäus, der Vater oder der Sohn. Auf die Frage "was?" erfolgt also als Antwort das gattungs- oder artbestimmende Wort, eine Definition oder etwas dergleichen. Auf die Frage "wer?" aber antwortet man mit dem Eigennamen oder mit etwas, was ihm gleichkommt. "Was" fragt nach gemeinsamer Eigenheit, "wer" nach einmaliger.

Eine Anmerkung: wenn angesichts der Erscheinung eines Engels einer den andern fragen würde: "Was ist das?" und die Antwort bekäme: Es ist ein Engel des Herrn, dann entspräche diese Antwort nicht den Sprachgesetzen, sondern der Absicht des Sprechenden. Er will dem Fragenden eigentlich antworten: Es ist kein Mensch, sondern ein Engel des Herrn. Denn wüßte jener, daß es ein Engel ist, so würde er nicht so fragen, und erhielte er trotzdem diese Antwort, so wäre sie unbedacht. Also: das Was fragt nach einer gemeinsamen Eigenschaft, das

Wer nach einer einmaligen. "Was" fragen wir, um das Wesen einer Substanz zu erfahren, "wer", um über die Identität einer Person sicher zu sein. Auf die Frage: Wer ist diese Person, wer ist dieser, pflegen wir mit dem Eigennamen oder einem gleichwertigen Ausdruck zu antworten.

Damit scheint hinreichend klargestellt, daß der Ausdruck Substanz mehr ein Was als ein Wer besagt, dagegen der Ausdruck Person mehr ein Wer als ein Was. Und unter Person wird immer nur ein einziger gemeint, der von allen übrigen durch vereinzelnde Eigentümlichkeit unterschieden ist.

Vielheit von Substanzen und Vielheit von Personen

VIII.

Reden wir demnach von drei Personen, so meinen wir drei "Wer". Ob wir Person in der Einzahl oder in der Mehrzahl gebrauchen, der Sinn ist genau der gleiche, nur daß es sich einmal um mehrere handelt, ein andermal um eine einzige. Sagen wir eine Person, so heißt das klar: ein bestimmter Einzelner, der doch eine vernunftbegabte Substanz ist. Spricht man von drei Personen, dann weist man auf drei Wer hin, von denen jeder eine vernunftbegabte Substanz ist. Ob aber mehr als einer oder alle eine einzige Substanz sind, ändert nichts an der Eigentümlichkeit und Wahrheit der Person.

Aber die Menschen urteilen überwiegend nach dem, was die Erfahrung ihnen zeigt und weniger nach dem, was denkende Überlegung fordert. Menschliche Personen sehen wir, göttliche können wir nicht sehen. In der Menschennatur gilt: soviele Personen als Substanzen sind. Die Alltagserfahrung drängt nun dazu, Entsprechendes auch bei Gott anzunehmen. Sosehr hängt

unser fleischliches Sinnen an dem durch Erfahrung Gelernten, daß es Mühe hat, etwas zu glauben, was vom
erfahrungshaft Gelernten auch nur ein bißchen ab-
weicht. Möge wenigstens der im Glauben Schlummern-
de durch klare Vernunftgründe geweckt werden! Wir
haben aber bisher klar gezeigt, daß die Annahme nicht
notwendig sei, überall, wo mehrere Personen sind, müßten auch mehrere Substanzen sein.

IX.

Gewiß: Wo immer drei Personen sind, da muß dieser
ein Wer, jener ein anderer Wer, der dritte nochmals ein
anderer Wer sein, und jeder von ihnen ist Einer, ein von
den beiden andern durch die eigene Verschiedenheit,
die unterscheidende Eigentümlichkeit Getrennter. Und
desgleichen gilt: Wo immer drei Substanzen sind, muß
die eine ein Was sein, die zweite ein anderes Was, die
dritte nochmals ein verschiedenes Was. Denn unterschieden sie sich nicht voneinander, so könnten es nicht
mehrere sein. Nur wo Differenz ist, kann Vielheit sein.

Nun stellten wir fest, daß in der höchsten Dreifaltigkeit allen das höchste, höchsteinfache Sein gemeinsam
ist, und keine der Personen, mit den andern verglichen,
ein anderes Was ist. Und so haben wir es abgelehnt, in
der Dreifaltigkeit drei Substanzen anzusetzen. Denn in
unserer Vernunftnatur schafft der Gegensatz zwischen
Was und Was die Verschiedenheit der Substanzen, der
Gegensatz zwischen Wer und Wer aber das Anderssein
der Personen. Und weil sich in der göttlichen höchstweisen Natur dieses Anderssein, jedoch nicht jene Verschiedenheit findet, darum glauben wir an mehrere Personen in ihr, während wir eine Mehrzahl von Substanzen ablehnen.

Damit ist klar und kurz der Beweis erbracht, daß wir

keinen Widerspruch setzen, wenn wir sagen, unser Gott sei substantiell einer und personell dreifaltig.

X.

Immer wieder muß man achtsam diese beiden Dinge vergleichen: wie einerseits der Unterschied der Substanzen nicht immer die Einheit der Person aufhebt, so zerreißt der Unterschied der Personen nicht immer die Einheit der Substanz. Im Menschen sind Leib und Seele zweierlei Substanzen, und doch ist er nur eine Person. In der göttlichen Natur ist der eine die eine Person, ein anderer eine andere, und doch bilden sie zusammen nur eine Substanz.

Wir wissen außerdem und haben gezeigt: in der Vielheit der göttlichen Personen ist höchste Ähnlichkeit, höchste Gleichheit; in der Vielheit der menschlichen Substanzen dagegen liegt große Verschiedenheit, große Ungleichheit. Was Wunder also, daß in jener so großen Gleichheit der Personen eine echte Substanzeinheit bestehen bleibt, wenn es [beim Menschen] möglich ist, daß trotz solchem qualitativen Gegensatz die Einheit und Identität der Person gewahrt bleibt? In der Menschnatur ist die gleiche Person einerseits körperlich, anderseits unkörperlich, einerseits sichtbar, anderseits unsichtbar, einerseits sterblich, anderseits unsterblich: und in solchen Substanzgegensätzen existiert trotzdem die Einheit der Person. Aber die Vielheit der Substanzen schafft eben im Menschen nicht zweierlei Wer, sowenig die Vielheit der Personen in Gott zweierlei Was erzeugt. Ziehen wir somit den Schluß: wie die Vielheit der Substanzen dort die Personeinheit nicht zerteilt, so löst hier die Personvielheit die Substanzeinheit nicht auf.

XI.

Das Ergebnis lautet: Es ist nicht unmöglich, daß mehrere Personen in der Einheit der Substanz existieren. Zu fragen bleibt: Wie ist es denkbar, daß ein Anderssein der Person ohne Anderssein der Substanz existiert? Um die Personen zu unterscheiden, scheinen mir zwei Gesichtspunkte erfordert: wir müssen wissen, was für ein Sein die Person ist und woher sie ihr Sein hat. Das einemal wird nach der Seinsqualität der Sache gefragt, das anderemal nach ihrer Herkunft. Für das erste ist zu erforschen, was ein Seiendes für sich hat, was es mit andern gemein hat, was an ihm gattungshaft, arthaft, was schließlich dem betreffenden Wesen eigentümlich ist. Beim zweiten ist genau zu untersuchen, woher das gehabte Sein stammt: aus ihm selbst oder anderswoher, und wenn anderswoher, ob die Abstammung auf diese oder jene oder noch andere Weise vor sich geht. Beim ersten wird die Definition oder wenigstens die Beschreibung der Eigenschaften der Sache gefordert. Beim zweiten dagegen der Naturvorgang, die Ursprungsbeziehung und die sich daraus ergebenden Unterscheidungen. Dort geht es um die Weise des Seins, hier um die Weise des Werdens, dort um den Wesensgehalt, hier sozusagen um den Erwerbensgehalt.

Ich weiß wohl, daß der Begriff des Erwerbens, um von andern zu schweigen, der Gottheit nicht durchaus angemessen ist. Doch nehme niemand Anstoß, wenn ich mich, so schlecht und recht als ich kann, ausdrücke, um meine Meinung über das Göttliche verständlich zu machen. Ich bin jedem dankbar und fühle mich durch ihn sehr bereichert, wenn er mir meine uneigentlichen, ungeeigneten Worte für das Wahre durch passendere und treffendere ersetzen kann. Erwerbung nenne ich hier also die Art, wie einer erwirbt, was er substantiell oder naturhaft besitzt. Diese Erwerbungsart aber ist bei Verschiedenen sehr verschieden: je nachdem man empfängt oder nicht empfängt, je nach der Art auch, wie gegeben und empfangen wird.

Existenz und Existenzweisen

XII.

Den Ausdruck Existenz nun läßt sich von beiden Betrachtungsweisen her annähern: von der zum Wesensgesichtspunkt und der zum Erwerbungsgesichtspunkt gehörigen, der nach dem Was eines Seienden fragenden und der nach dem Woher desselben forschenden. Das Nomen Existenz[5] leitet sich her vom Verb existieren. Dabei weist das Verb "sistieren" auf die erste Betrachtungsweise, die Präposition "ex" auf die zweite. In der Aussage, daß etwas sistiert, wird zunächst all das ausgeschlossen, was sein Sein weniger in sich selbst als vielmehr in einem andern hat, weniger sistiert als gleichsam in-sistiert, das heißt einem andern als Tragegrund *(subjectum)* einwohnt. Der Ausdruck sistieren aber läßt sich gleicherweise auf die Seinsart anwenden, die irgendwie Tragegrund für anderes [Akzidentelles] ist, wie auf jene, die das in keiner Weise ist, auf das, was Tragegrund sein muß und auf das, was es durchaus nicht sein kann. Das erste gilt von der geschaffenen, das zweite von der ungeschaffenen Natur. Denn die ungeschaffene ruht so in sich selbst, daß sie für nichts ihr Äußer-

5 Das von Richard beigezogene Wort "Existenz" findet sich schon bei Marius Victorinus in trinitarischem Zusammenhang verwendet: "Pater igitur Deus prima actio et prima existentia et substantia . . . semper existens a se, existens infinitus . . . ": Adv. Arium 1, 33 (PL 8, 1066), vgl. 1, 50 (ebd. 1078); 4, 26 (ebd. 1132); Hymn. 3 (ebd. 1143). Bei Richard, für den das "ex-" das Ursprungsverhältnis der göttlichen Personen anzeigt, kann das Wort strenggenommen nicht auf den Vater angewendet werden.

liches Tragegrund sein kann. Aber das Wort Sistieren läßt sich vom geschaffenen wie vom ungeschaffenen Wesen aussagen.

Wenn aber von Ex-sistieren die Rede ist, dann ist darin nicht nur das Haben von Sein, sondern auch das Woher-haben, von irgendwem her Erwerben mitgedacht. Die dem Verb hinzugefügte Präposition gibt das zu verstehen. Denn was heißt ex-sistieren anderes als Von-Einem-her-Sistieren, das heißt substantiell Von-Einem-her-Sein?

Im (einen) Verb existieren oder im (einen) Nomen Existenz lassen sich also beide Betrachtungsweisen vereinen: die nach der Qualität wie die nach dem Ursprung der Sache.

XIII.

Existenz kann nach dem eben Gesagten nach drei allgemeinen Gesichtspunkten sich abwandeln: bloß nach der Qualität der Sache, bloß nach dem Ursprung oder nach beidem gleichzeitig.

Nach der bloßen Qualität der Sache wandelt sich Existenz ab, wenn mehrere Personen genau den gleichen Ursprung haben, aber jede von ihnen eine besondere, eigene Substanz besitzt. Denn mehrere Substanzen können nicht ohne Qualitätsdifferenz sein. Das ist Existenzvariation nach der bloßen Qualität, ohne Rücksicht auf den Ursprung.

Nach dem bloßen Ursprung wandelt sich Existenz ab, wenn mehrere Personen ein und dasselbe Sein haben, während jede verschiedener Herkunft ist. Dieser Unterschied kann darin bestehen, daß eine Person einen Ursprung hat, die andere keinen, oder daß zwei Urspringende verschiedene Arten des Ursprungs haben. Das ist Existenzvariation nach dem bloßen Ursprung, ohne Rücksicht auf Qualitätsdifferenz.

Nach Qualität und Ursprung zugleich wandelt sich Existenz ab, wo mehrere Personen je eine eigentümliche Substanz und einen verschiedenen Ursprung haben. Dergestait wandelt sich Existenz in dreifacher Weise ab: allein nach der Qualität, allein nach dem Ursprung, oder gemäß beidem.

XIV.

In der menschlichen Natur, die wir durch Erfahrung kennen, können wir beobachten, daß die Existenz der Personen sich sowohl nach der Qualität der Person wie nach ihrem Ursprung abwandelt. Sicher hat jede menschliche Person eine eigentümliche, ihr besondere Qualität, durch die sie sich unweigerlich von jeder andern unterscheidet. Und so hat auch jede ihren eigenen Ursprung, der von dem anderer verschieden, ihr somit ausschließlich ist. Jeder Mensch hat seine bestimmte Herkunft, denn einer hat diesen zum Vater, ein anderer jenen. Und wenn mehrere einen gemeinsamen Vater haben, so stammt doch jeder von einem verschiedenen Teil der väterlichen Substanz her. So wandelt sich bei menschlichen Personen die Besonderheit der Existenzen sowohl nach der Qualität der Einzelnen wie nach ihrem Ursprung ab.

Bei der englischen Natur gibt es keine Fortpflanzung, sondern nur bloße Schöpfung. Alle und jeder haben als gemeinsamen Ursprung nur den Schöpfer, da sie durch bloße Schöpfung entstanden sind. Es gibt aber bei der englischen Natur ebensoviele Substanzen wie Personen, und so müssen sie sich qualitativ unterscheiden. Denn gälte diese Unterscheidung nicht, so wären sie auch nicht mehrere Substanzen. Der Unterschied der Substanzen bei den Engeln wandelt sich nach der bloßen Qualität ab, bei den Menschen, wie gesagt, sowohl nach Qualität wie nach Herkunft.

XV.

Im göttlichen Bereich herrscht, wie gezeigt, keinerlei Unähnlichkeit und Ungleichheit zwischen den Perso-nen. Wie die eine Person, so die andere, so auch die dritte. Da sie einander mit-ähnlich und mit-gleich sind, können sie sich qualitativ nicht unterscheiden. Denn da sie in jeder Hinsicht, wie einsichtig wurde, ein einziges, höchsteinfaches Sein besitzen, können sie unmöglich durch qualitative Differenz voneinander abstehen. Da solche Unterscheidung bei ihnen unmöglich ist, bleibt nur übrig, daß man ihnen eine gewisse Verschiedenheit in der Herkunft zuerkennt. Denn bestünde auch dort keine Unterscheidung, so könnte keine Mehrheit von Personen sein. Da aber diese feststeht, müssen in der Trinität notwendig für die Personen unterscheidende Eigentümlichkeiten, eigentümliche Unterscheidungen angesetzt werden. Da aber die Identität der Substanz jede Qualitätsdifferenz ausschließt, muß man die Merk-male der Personen in den bloßen Ursprungsverhältnis-sen suchen.

Kurz zusammengefaßt: in der Gottnatur kann sich die Vielheit der Existenzen nur nach dem Ursprung abwandeln, in der Engelnatur nur nach der Qualität, in der Menschnatur sowohl nach Qualität wie nach Ur-sprung.

Das oben Gesuchte wäre damit gefunden: wie Ver-schiedenheit der Personen ohne jede Verschiedenheit der Substanzen walten kann. Wir fanden: die mehreren Personen in Gott, die ein einziges un-unterschiedenes Sein haben — was zur Identität der Substanz gehört —, können doch gemäß dem Ursprungsverhältnis gegen-seitig verschieden sein, wenn die eine aus sich selbst existiert, die beiden andern vom ersten her sind, sich aber in der Weise der Daseinserwerbung unterscheiden. Was die Eigenheit der Personen abwandelt, das wandelt gleichzeitig auch die Eigenheiten der Existenzen. In Gott muß für beides: Eigenheit der Personen wie der Existenzen einzig nach dem Ursprungsverhältnis gefragt werden.

XVI.

Der Ausdruck Existenz, so sahen wir, bezeichnet den Inhaber substantiellen Seins mitsamt einer bestimmten Eigentümlichkeit. Bei den Tieren ist diese, daß sie ihre Substanz allein aus der Fortpflanzung haben. Bei den Menschen, daß sie ihr Substanzsein sowohl aus Fortpflanzung wie aus Schöpfung haben: der Leib wird fortgepflanzt, die Seele geschaffen. Bei den Engeln, daß sie ihr Substanzsein durch alleinige Schöpfung haben. Gott ist es eigen, das substantielle Sein ohne Schöpfung und Anfang zu haben.

Existenz kann ferner mehreren gemeinsam oder aber völlig unmitteilbar sein. Wenn wir die Dinge übergehen, die die Bezeichnung Person nicht verdienen, so ist es der göttlichen, englischen und menschlichen Natur gemeinsam, ein vernünftiges Sein zu haben, aber Engel und Mensch ist es gemeinsam, nicht aus sich selbst, sondern anderswoher zu sein. Nur Gott ist nicht anderswoher, sondern aus sich selber.

Existenz ist unmitteilbar überall dort, wo sie nur einer einzigen Person zukommen kann.

Aber in Gott (den wir jetzt einzig betrachten wollen) findet man eine Existenz, die mehreren gemeinsam ist, und eine Existenz, die völlig unmitteilbar ist. Existenz, sahen wir, weist auf die Substanz, aber nicht einfachhin, sondern in Mitbezeichnung von etwas, das auf die Herkunft verweist. Die Herkunft bedenken heißt aber nicht nur eine solche suchen und feststellen, falls sie vorhanden ist, sondern beim Suchen auch ihre Abwesenheit feststellen, wenn keine vorhanden ist. Es gehört zur göttlichen Existenz, das substantielle Sein schöpfungslos, anfangslos zu besitzen; es ist sogar übersubstantiell, denn während es jeder Substanz, die diesen Namen verdient, sonst eigen ist, ein zusammengesetztes Sein zu besitzen und Tragegrund für Akzidentien zu sein, hat allein die göttliche Substanz, die Natur der Substanz überragend, ein einfaches, unzusammengesetztes Sein, das für nichts Inhärierendes Tragegrund ist. Deshalb wurde gesagt, Gott habe nicht nur ein substantielles, sondern überwesentliches Sein.

Doch ist zu beachten, daß Existenz ein substantielles Sein insofern besagt, als es eine zuweilen gemeinsame, zuweilen unmitteilbare Eigentümlichkeit besitzt. Von gemeinsamer Existenz reden wir, wenn der Inhaber des Seins es aus gemeinsamer Eigentümlichkeit hat, von unmitteilbarer, wenn der Seinsinhaber seine Eigentümlichkeit mit niemandem teilt. Nun gehört es einerseits zur göttlichen Substanz, von keiner andern Substanz her zu sein, sondern allein von sich selbst her, und anderseits gehört es wahrhaft zu einer Person, die keinen Ursprung hat, ihr Sein von keiner andern Person her zu haben. Das erste verweist auf eine gemeinsame Eigentümlichkeit, das andere auf eine unveräußerliche Eigentümlichkeit. Gemeinsam ist allen göttlichen Personen, jene Substanz zu sein, die von keiner andern Substanz her ist, sondern nur aus sich selbst. Wenn somit von der göttlichen Substanz, sofern sie von sich selbst her stammt, die Rede ist, dann ist von gemeinsamer Existenz die Rede.

Soviel über die gemeinsame Existenz; nun soll die unmitteilbare betrachtet werden.

XVII.

Wahrhaft unmitteilbar ist, was weder gemeinsam ist noch auch gemeinsam sein kann. Wir erwägen also, ob und wie in der Gottheit eine unmitteilbare Existenz sein kann.

In der Dreifaltigkeit muß es zweifellos ebensoviele persönliche Eigentümlichkeiten geben, als es Personen gibt. Die persönliche Eigentümlichkeit ist natürlich unveräußerlich. Sie ist das, wodurch jeder der ist, der er ist, das, wodurch jeder von allen übrigen abgeschieden ist. Wir reden von Personen nur, wenn einer durch eine einzigartige Eigenschaft von allen übrigen sich unterscheidet. Falls du die persönliche Eigentümlichkeit für mitteilbar hieltest, behauptetest du, daß eine Person auch zwei Personen sein könnte. Wenn zwei eine sein könnten, und eine zwei, sieht man leicht, daß keine davon überhaupt Person ist, weil keine von der andern durch das unveräußerlich Eigentümliche abgeschieden ist. So erweist sich nochmals das schon Gesagte: persönliche Eigentümlichkeit ist völlig unmitteilbar.

In der Dreifaltigkeit der Personen muß es unbedingt persönliche, das heißt unmitteilbare Eigentümlichkeiten geben. Es wurde aber gezeigt, daß die Differenz der Personen zusammenfällt mit derjenigen der Existenzen. Wenn also die Personen sich durch unmitteilbare Eigentümlichkeiten unterscheiden, dann müssen sich gewiß auch die Existenzen durch solche unterscheiden. Der muß eine unmitteilbare Existenz haben, der eine unmitteilbare Differenz hat. Es gibt also in Gott so viele Personen als unmitteilbare Existenzen.

Definition der göttlichen Person

XVIII.

Sieht man genauer zu, so ist in der Gottheit die Person nichts anderes als die unmitteilbare Existenz. Bewiesen wurde, daß jede persönliche Eigentümlichkeit völlig unmitteilbar ist, und nun fällt in Gott die Differenz der Personen mit der Differenz der Existenzen genau überein. So wird dort die unmitteilbare Existenz nichts anderes sein als der Besitz des überwesentlichen Seins aufgrund einer persönlichen Eigentümlichkeit. Das Göttliche selbst aber ist nichts anderes als das übersubstantielle Sein. Nenne es göttlich oder übersubstantiell oder höchsteinfach oder allmächtig oder noch anders: du verweisest immer auf dasselbe. Besitzer dieses göttlichen Seins ist sowohl die göttliche Person wie die göttliche Existenz, beide haben das übersubstantielle Sein, beide die persönliche Eigentümlichkeit, beide als eine unmitteilbare. Du siehst: alles was vom einen gilt, gilt auch vom andern.

Somit ist in Gott die göttliche Person eins mit der unmitteilbaren Existenz.

Mehrheit der Existenzen und Einheit der Substanz

XIX.

In der Gottheit kann es also mehrere Existenzen geben. Nun wollen wir erwägen, ob das trotz der Einheit der Substanz möglich ist. Wäre es gebräuchlich, so würden wir, wie man vom Seienden (esse) her von Essenz redet, so vom Sistieren her von Sistenz sprechen. Du lachst wohl, Hörer oder Leser. Lache nur, falls du nur das, was ich sagen will, nicht mißverstehst und dann töricht verspottest. Wäre es also üblich, von Sistenz wie von Essenz zu sprechen, dann würde es nichts anderes besagen als das Sein der Sache. Nun aber muß man im Wort Existenz etwas mehr ausgesagt finden. Wie man richtig von Subsistenz spricht, wo ein Unter-Sein, ein tragender Grund ausgedrückt werden soll, so spricht man richtig von Existenz, wo ein Hersein-von des Seienden bezeichnet sein soll. Nun ist unschwer einzusehen, daß wenn einer aufgrund einer bestimmten Eigentümlichkeit der Allmächtige ist, und wenn einer aufgrund einer andern Eigentümlichkeit der Allmächtige ist: diese beiden eine verschiedene Existenz haben. Wenn beide den gleichen Modus der Essenz haben, haben sie doch nicht den gleichen Modus der Existenz. Wer wollte behaupten, es sei unmöglich oder auch nur unglaubhaft, von zweien oder dreien auszusagen, sie seien gleich mächtig, gleich weise? Warum dies als unmöglich oder unglaubhaft erklären, wenn hinzugefügt wird, der eine sei es aufgrund einer bestimmten Eigentümlichkeit, der andere aufgrund einer andern?

Nein, man kann nicht sagen, es sei unmöglich oder unglaubhaft, daß es in Gott mehrere Existenzen, somit mehrere Personen gibt. Nennen wir sie gleichmächtig, was wir unbedingt können, so werden wir zugeben müssen: wenn die eine allmächtig ist, ist es auch die andere. Alle Theologen sind sich einig, daß die wahre Gottheit allereinfachstes Sein ist. Deshalb muß in Gott Allmächtiger-Sein und Allmacht-Haben unbedingt zusammenfallen, und ebenso Allmacht und göttliche Substanz. Wir haben aber bewiesen, daß es nur eine Allmacht geben kann, somit auch nur eine göttliche Substanz.

So bringt uns ein für alle annehmbarer Satz, der für den Theologen unabdingbar ist, zu dem, was wir suchen: daß es mehrere Existenzen geben kann, wo es nur eine Substanz gibt[6].

6   Vgl. oben Buch 1, XXV; Buch 2, XV; unten Buch 5, VIII.

Fügen wir für die scharfsinnigeren Geister noch eine subtilere Bemerkung bei. In den Dingen geschöpflicher Natur läßt sich das Sein und das Seiende unterscheiden[7], im Ungeschaffenen dagegen sind das Sein und das Seiende identisch. So steht fest, daß die göttliche Substanz nichts anderes ist als das substantielle, ja übersubstantielle Sein. Substantiell heißt es, sofern es das, was es ist, aus sich selber ist, übersubstantiell, sofern ihm nichts Akzidentelles anhängt.

Solche, *die fürchten, wo keine Furcht ist* (Ps 13,5 Vulg.), würden dann mit Recht die Aussage fürchten, die Personen würden im Hinblick auf die Substanz ausgesagt, wenn Person nichts anderes besagte als Substanz und nicht noch etwas mitbezeichnete: nämlich das Substanzsein aus einer besondern Eigentümlichkeit heraus. So sagen wir dem getrost beides: die Personen in Gott werden im Hinblick auf die Substanz ausgesagt und bedeuten die Substanz; aber die Mehrheit der Personen zieht nicht die Mehrheit der Substanzen nach sich, weil in Gott mehrere das eine ununterscheidbare Sein dank verschiedener Eigentümlichkeit besitzen. Einheit herrscht also nach dem Modus der Essenz, Mehrheit nach dem Modus der Existenz. Einheit der Essenz, weil ein einiges ununterscheidbares Sein ist, mehrere Personen, weil mehrere Existenzen sind.

Ehrfürchtigen Suchern, meine ich, sollte dies genügen. Denn keiner darf fordern oder hoffen, in so abgründigen Dingen hienieden volles Genüge für seinen Geist zu finden.

Man achte auf das Verhältnis zwischen Person und Existenz. Was beim einen fraglich bleibt, kann jeweils vom andern her beleuchtet werden. Daß in Gott mehrere Personen sein müssen, erweist sich leichter vom

---

7 So nach Boethius, der den Satz als – bei den Gelehrten – allgemein angenommen hält (Quomodo substantiae, PL 64, 134).

Personbegriff her. Daß aber mehrere in einer einzigen Substanz sein können, wird einsichtiger aus der Erwägung der Existenz.

Vergleich zwischen den verschiedenen trinitarischen Formeln.

XX.

Vielleicht erwartet jemand von mir zu hören, wie es zu verstehen und wie es vereinbar sei, wenn einige behaupten, in Gott seien "drei Substanzen und eine Essenz", andere: "drei Subsistenzen und eine Substanz", andere: "drei Personen und eine Substanz oder Essenz". Ein weiter Abstand, ja ein Gegensatz scheint zu walten, wenn die Lateiner sagen, in Gott sei eine Substanz, die Griechen dagegen drei. Doch sei der Gedanke fern, daß sie Verschiedenes glauben und daß diese oder jene im Glauben irren. In der Mannigfaltigkeit der Ausdrucksweise muß man die eine Wahrheit fassen; die Worte werden eben hier und dort in verschiedenem Sinn verwendet.

Daß die Personen von den einen als Substanzen, von den andern als Subsistenzen bezeichnet werden, kommt sachlich auf dasselbe heraus. Gewiß spricht man zumeist dort von Substanz oder von Subsistenz, wo die Beziehung eines tragenden Grundes zu den ihm inhärierenden Dingen (Akzidentien) ausgedrückt werden soll. Wir wissen aber, daß auf dem ganzen Erdenrund die Kirche Christi singt: "In den Personen die Eigentümlichkeit, in der Essenz aber die Einheit.[8]" Wegen diesen Eigentümlichkeiten, die den göttlichen Personen zu inhärieren scheinen und durch die sie voneinander unterschieden werden, läßt sich aufgrund eines gewissen

8 Präfation am Dreifaltigkeitsfest (früher an allen Sonntagen).

Vergleichs mit wirklichen Akzidentienträgern, aber doch recht uneigentlich, von ihnen als Substanzen sprechen. Die Drei in der Dreifaltigkeit mag man als Personen, Substanzen oder Subsistenzen bezeichnen, man darf sie jedoch nicht anders verstehen denn als Inhaber des substantiellen Seins unter der Rücksicht einer unterscheidenden Eigentümlichkeit. Ich sagte jetzt ausdrücklich "unter" und nicht "aus", damit du verstehst, weshalb die Personen der Dreifaltigkeit, wenn auch uneigentlich als Unter-stand *(sub-stantiae)* oder Unter-sein *(subsistentiae)* bezeichnet werden konnten. Man sagt also, daß die Eigentümlichkeiten den Personen inhärieren, aber bedenkt man es recht, so entspricht diesem Inhärieren keine Subsistenz, sondern eine Existenz. Deshalb werden die Personen besser als Existenzen, denn als Substanzen oder Subsistenzen bezeichnet.

Andere, die nur auf die göttliche Wirklichkeit blikken, finden keinerlei Eigentümlichkeit, durch die die göttliche Essenz von einer andern göttlichen Essenz unterscheidbar wäre, denn in Gott ist nur eine einzige, während die Personen sich voneinander durch ihre Eigentümlichkeiten unterscheiden. Nach dieser Betrachtungsweise sehen sie keinen Anlaß, jene Einheit als Substanz zu bezeichnen, sie nennen sie deshalb einfach und nicht ungeziemlich Essenz, dagegen nennen sie die Vielheit der Personen, denen (in einem uneigentlichen Sinn) die Eigentümlichkeiten inhärieren, Substanzen.

Tatsächlich entdeckt man in der ungeschaffenen Essenz keine Eigentümlichkeit, die sie von einer andern ungeschaffenen Essenz unterscheiden würde; ist sie doch nur eine einzige. Freilich findet sich in ihr die Eigentümlichkeit, aufgrund derer sie sich von jeder geschaffenen Essenz unterscheidet, und darauf achtend nennen sie manche nicht nur Essenz, sondern auch Substanz, während sie die Bezeichnung Subsistenz von ihrem eigentlichen Sinn auf die Bezeichnung der Personen übertragen.

Um in Kürze ihre Verwendungsart von Substanz und Subsistenz zu kennzeichnen: Substanz heißt für sie, was wir oben als gemeinsame Existenz bezeichneten, Subsistenz aber, was wir unmitteilbare Existenz nannten. Wer nach unsern obigen Ausführungen begriffen hat, wie in der Einheit der Substanz mehrere Existenzen sein können, hat im gleichen Zug begriffen, wie dort mehrere Subsistenzen sein können. Ich weiß, daß man darüber noch subtiler handeln könnte, meine aber, daß es für die Einfacheren und für jene, denen ich dienlich sein wollte, reicht.

Eins ist aber zu beherzigen und fest im Auge zu behalten: die Drei in der Dreifaltigkeit — man mag sie Substanzen oder Subsistenzen oder Personen nennen — werden im Hinblick auf die Substanz ausgesagt[9]. Denn bei alldem darf wahrheitsgemäß nichts anderes gemeint sein als: drei sind im Besitz der Geistnatur aufgrund ihrer unterschiedenen persönlichen Eigentümlichkeit. Dort, wo die Substanz nicht geistig ist, kann auch ihr Besitzer nicht Geist sein. Jede Geistperson aber ist eine solche kraft einer unmitteilbaren Eigentümlichkeit. Lassen wir die Griechen beiseite, die, wie Augustinus sagt[10], die Substanz anders auffassen als wir; ich meine aber, daß bei den Lateinern kein Ausdruck gefunden werden kann, der für die Vielheit in Gott geeigneter wäre als das Wort Person. Für ein gläubiges Gemüt sollte auch nichts echter und verpflichtender klingen, als was im Munde aller ertönt und was die katholische Autorität bestätigt.

9 Vgl. oben Kp. VI.
10 De Trin. VII, 4 (PL 42, 939).

XXI.

Was wir uns vorgenommen, haben wir nach Vermögen durchgeführt: den Bedeutungsunterschied von Substanz und Person zu zeigen, sowie die Möglichkeit, daß mehrere Personen in einer einzigen Substanz sein können. Wir möchten jetzt untersuchen, ob jene bekannte Definition der Person bei Boethius auf sie und auf sie allein passen kann. Wäre sie umfassend und genau genug, dann erübrigte es sich, nach einer weiteren zu suchen. Damit eine Definition vollkommen sei, muß sie die ganze Wirklichkeit der definierten Sache und nur diese umfassen. Wenn sie ihrem Namen Ehre machen soll, muß sie sich bis zu den Grenzen des zu Definierenden ausdehnen, aber nicht darüber hinaus, dem Ganzen und nur ihm gerecht werden, so daß sie auch ein umkehrbarer Satz sei.

Die Persondefinition des Boethius lautet: einer rationalen Natur ungeteilte Substanz *(rationalis naturae individua substantia)*[11] . Damit diese Definition allgemein und vollkommen sei, ist erfordert, daß jede ungeteilte Substanz der rationalen Natur Person sei und umgekehrt jede Person ungeteilte Substanz einer rationalen Natur. Ich frage also, ob die göttliche Substanz, die ja nur eine einzige ist, ungeteilt sei? Daß diese Substanz eine Dreifaltigkeit von Personen ist, wird als sicher geglaubt und läßt sich, wie bezeugt, offenkundig erweisen. Wenn aber die göttliche Substanz ungeteilt genannt werden soll, dann gibt es eine ungeteilte Substanz einer rationalen Natur, die nicht Person ist. Denn die Dreifaltigkeit ist nicht eine Person und kann nicht so bezeichnet werden. Nach dem Gesagten scheint also die Definition der Person nicht allein auf die Person zuzutreffen. Soll aber jene Substanz nicht ungeteilt genannt

11 Liber de persona et duabus naturis 3 (PL 64, 1343).

werden, dann gibt es ganz gewiß eine Person, die, als göttliche, keine ungeteilte Substanz ist. Somit kann diese Definition der Person nicht jeder Person zukommen. Man mag von der göttlichen Substanz sagen, sie sei ungeteilt oder sie sei es nicht: die Definition ist auf jeden Fall nicht umfassend genug[12].

Bessere Definition der Person

XXII.

Gewiß kann das Grenzenlose nicht eigentlich definiert werden. Vielleicht aber können wir doch im Erkennen des Göttlichen einen Schritt weiterkommen, wenn wir uns anstrengen, das, was göttliche Person ist, so wie der Herr es uns schenkt, zu beschreiben. Nach der oben dargelegten Bedeutung von Existenz könnten wir vielleicht mit Vorteil sagen, eine göttliche Person sei "der göttlichen Natur unmitteilbare Existenz". Existenz im obigen Sinn: als das Was-Sein der Substanz und zugleich als ihre Herkunft bezeichnend; und dies gilt gemeinsam für alle Substanz.

Nun gibt es eine allgemeingültige Existenz, die allen Substanzen zukommt, und dann eine allgemeingültige, die nur den vernünftigen Substanzen gemeinsam ist; sodann eine besondere für alle Engel allein, und eine besondere, die nur den menschlichen Substanzen gemeinsam ist. Aber alle diese Weisen werden im Fall Gottes ausgeschlossen, wo die Bedeutung von Existenz eingeschränkt und durch die Zufügung von "göttliche Natur" bestimmt wird. Nun aber werden wir bei genauerem Zusehen auch in der göttlichen Natur eine mehreren

12 Ähnliche Kritik an der Definition des Boethius bei Robert v. Melun (Sent I, 3,13) und Abaelard: Theol. christ. 3 (PL 178, 1258). Thomas erinnert an die Kritik Richards, hält aber trotzdem an der boethianischen Definition fest (S. Th. I, 29, 3 ad 4).

gemeinsame und eine nur der Einzelperson zukommende und deshalb unmitteilbare Weise der Existenz finden. Wir schließen aber die mehreren gemeinsame aus, sofern wir sie als "unmitteilbar" bezeichnen. So glauben wir angemessenerweise sagen zu können: eine göttliche Person ist "der göttlichen Natur unmitteilbare Existenz".

XXIII.

Wenn wir die Bezeichnung "Dividuum" auf das anwenden, was sich sowohl auf mehrere Personen wie auf mehrere Substanzen aufteilen und von mehreren gemeinsam wie von den einzelnen integral besessen werden kann, dann bezeichnen wir als ein Individuum, was nur einem zukommen kann; und die so gefaßten beiden Begriffe könnten recht wohl so angewendet werden, daß wir sagen: Es ist richtig, daß jede geschaffene Person "einer vernünftigen Natur ungeteilte Substanz" ist, es ist auch richtig, daß jede Person überhaupt "einer vernünftigen Natur ungeteilte Existenz" ist.

Wir wollen darauf noch näher eingehen, damit es ganz klar wird. Wir sagten oben: mit Existenz wird ein substantielles Sein bezeichnet. Sie besagt nach der oben gegebenen Bestimmung nicht das, was Substanz seiner sprachlichen Herkunft nach bedeutet, sondern das, was an ihr das Wesentliche ist und was jeder Substanz zukommt. Dieses Wesentliche ist nicht, daß sie Träger von Akzidentien ist, die ihr einhängen, sondern daß sie ein Seiendes ist, das in sich selber gründet und keinem fremden Träger einhängt. Das ist jeder Substanz gemein: der menschlichen, der englischen und der göttlichen. Und mit Recht wird das bei der menschlichen Substanz für ihr wertvollstes und wichtigstes Moment gehalten, das, worin sie sich dem göttlichen Urbild am meisten annähert. Die Eigenschaft dagegen, Träger von

Akzidentien zu sein, entfernt sie vielmehr vom göttlichen Urbild. Von dem her also, was in aller Substanz das zentrale Moment ist, würde man besser von Essenz als von Substanz sprechen.

Das Wort Existenz dagegen bezeichnet, daß man das Sein in sich selbst und zugleich von irgendwoher hat. Und auch das kommt einer jeden Substanz zu. Denn alles, was ist, ist entweder aus sich selbst oder von einem andern her. Das übrige die Existenz Betreffende wurde schon hinreichend dargelegt und braucht nicht nochmals entfaltet zu werden, vor allem dies: daß nicht jede Existenz, sondern nur die ungeteilte individuelle oder unveräußerliche als Person bezeichnet wird.

XXIV.

Einfacher und verständlicher vielleicht wäre es zu sagen: "Person ist ein durch sich selbst Existierender, nach einer bestimmten einmaligen Weise vernunfthafter Existenz." Was "Existierender" heißt, dürfte nunmehr klar sein. "Durch sich selbst" wird beigefügt, weil Person richtig immer nur von einem Einzelnen, durch eine unveräußerliche Eigenheit von allen übrigen Geschiedenen ausgesagt wird. Aber durch sich selbst existieren ist allen Individuen gemeinsam, belebten und unbelebten. Dagegen wird als Person immer nur ein Vernunftwesen benannt. Daher wird noch der Beisatz gemacht: "nach einer bestimmten einmaligen Weise vernunfthafter Existenz." Aber deren gibt es mehrere. Es gibt eine Weise vernunfthafter Existenz, die mehreren Naturen gemeinsam ist, eine andere ist gemeinsam den mehreren Substanzen einer gleichen Natur, eine andere schließlich den mehreren Personen einer gleichen Substanz. Aber die personale Eigentümlichkeit erfordert eine "einmalige Weise vernunfthafter Existenz"; ohne diese gibt es keine Person. Damit ein durch sich Existierender Person sein kann, muß er also eine "einmalige Weise vernunfthafter Existenz" besitzen.

Wie die einzelnen Termini zu verstehen sind, geht sattsam aus dem Gesagten hervor, wir brauchen hier nicht mehr zu verweilen.

Das ist es, was wir unserem Vermögen gemäß über Bedeutung, Abwandlung, Beschreibung der Person zu sagen vermochten. Wenn jemand den Begriff Individuum oder Person oder Existenz anders faßt als wir, und mit diesem seinem Sinngehalt Überlegungen anstellt und zu unhaltbaren Schlüssen kommt, der wisse wohl, daß er uns damit nicht anficht. Meint er das, so macht er sich nur lächerlich, ohne es zu wissen.

Vergleich zwischen Gott, Mensch und Engel

XXV.

Der Gottheit eignet es, mehrere Personen in einer Substanz zu haben. Dem Menschen hingegen, mehrere Substanzen in der Einheit der Person. Daß der Mensch zu einem bestimmten Zeitpunkt nur in einer Substanz existiert, erklärt sich nicht von seiner Natur, sondern vom Sündenfall her. So lassen sich Gott und Mensch in ihrem Gegensatz betrachten: beide stehen Aug in Auge, aber gleichsam im Gegenwurf zueinander, antworten sich wie in umgekehrter Entsprechung. Der Engel steht zwischen beiden in der Mitte, beiden angenähert durch entsprechende Ähnlichkeiten: mit Gott hat er gemein, in der einen Person nie mehrere Substanzen zu vereinen, mit dem Menschen, in der einen Substanz nie mehrere Personen zu bergen. So verbindet der Engel durch seine Besonderheit wie durch ein proportionales Verhältnis die auseinanderliegenden Gegensätze und versöhnt die Dissonanz der Kontrastierenden zu einer einzigen Harmonie.

Ich sage dies wohl wissend, daß manche anders über die Engel denken. Bis heute gibt es solche, die meinen, sie hätten Leiber. Aber ein bißchen mehr Nachforschen und tieferes Nachdenken würde sie, scheint mir, bald von der Richtigkeit meiner Ansicht überzeugen.

Welcher Einsichtige wollte leugnen, daß eine Vernunftnatur desto höher steht und würdiger ist, als sie der nichtzusammengesetzten, höchsteinfachen Natur ähnlicher ist? Man kann nicht verneinen, daß die körperlose, jedem leiblichen Agglomerat fremde Natur sich durch ihr Wesen der göttlichen Einfachheit mehr annähert, inniger mit ihr verwandt ist als die aus leiblicher und geistiger Substanz zusammengesetzte, die aus zwei Wesenheiten zur Einzigkeit der Person gefügt wird. Gewiß ist das beste Geschöpf das in der bloßen und einfachen Lauterkeit der Geistnatur bestehende. Was ein vom Menschen geschaffenes Standbild ohne Kopf wäre, das wäre ein von Gott geschaffenes Weltall ohne das vollkommenste Geschöpf.

Man nehme hinzu, was über die Besonderheit des Engelwesens gesagt wurde. Welche Anordnung erscheint schöner, dem höchstweisen Schöpfer geziemender: daß in der Dreieinigkeit der Naturen, der göttlichen, englischen und menschlichen, zwei Strukturen der dritten völlig gegensätzlich und ohne Vermittlung entgegenstehen, oder daß die beiden Extreme durch eine Mitte überbrückt werden und durch eine Ähnlichkeit nach beiden Seiten hin der besagte Gegensatz zu einer gemeinsamen Harmonie verbunden wird?

Schiene jemandem unsere Beweisführung noch fragwürdig, so bedenke er das Zeugnis des Evangeliums. Man erfährt hier, daß der Herr aus einem einzigen Menschen eine Legion Dämonen, das heißt 6666, austrieb.

Wurden sie ausgetrieben, so waren sie vorher in ihm. Hätten die Dämonen Leiber, wo hätten sie dann geweilt? Im Geist? Im Leib? Jeder Leib hat aber Länge, Breite, Höhe, das heißt räumliche Dimensionen, und kann ohne Raumverdrängung nicht sein, was vom Geist nicht gilt. So wären sie nicht geistig, sondern leiblich in jenem Menschen gewesen. Wie aber sollten in ihm oder in einem Teil von ihm so viele Körper gewesen sein? Du sagst vielleicht, Engel, gute wie böse, hätten subtilere Leiber[13]. Aber wie subtil auch immer: zwei Körper, zumal von gleicher Größe, können nicht am gleichen Ort weilen. Wie klein müßte übrigens ein Engelsleib sein, wenn auch nur die Haut eines Menschen so viel einschließen könnte? Doch mit dieser Abschweifung sind wir weit von unserem Gegenstand abgekommen. Ich meine bloß: ein ehrfürchtiger und schlichter Geist müßte an dem, was über die vorliegende Frage gesagt worden ist, genug haben: nämlich daß es der Vernunft nicht widerspricht, so zu glauben, wie wir geheißen sind, und "einen Gott in Dreifaltigkeit, eine Dreifaltigkeit in der Einheit anzubeten".[14]

---

13 Die Meinungen der Väter über die Leiblichkeit der Engel sind geteilt; viele möchten die völlige Geistigkeit Gott vorbehalten. Augustin bleibt schwankend, er schreibt ihnen Leiblichkeit, aber keine Fleischlichkeit zu: Serm. 362 (PL 39, 1622). Bernhard hält sie für körperliche Wesen, im Gegensatz zu Anselm von Laon, Hugo v. St. Victor, Abaelard.
14 Symbolum Athanasianum.

V. BUCH
DIE AUSGÄNGE

I.

Jede Person muß nach dem Gesagten ein vernunfthaftes Sein kraft einer unveräußerlichen Eigentümlichkeit haben. Eine göttliche Person bedarf eines weiteren Merkmals, um als wahrhaft göttlich zu gelten. Die Eigentümlichkeit einer göttlichen Person fordert das göttliche Sein, dieses ist übersubstantiell, höchsteinfach, identisch mit Weisheit. Das gilt nur von der göttlichen Substanz, die deshalb mit Recht übersubstantiell genannt wird. Und weil in Gottes Natur nur dieses eine höchsteinfache, indifferente Sein ist, darum sagen wir von ihm die Einheit der Substanz aus. Aber nicht weniger gewiß ist die Mehrheit der Personen. Doch wo kein Anderssein ist, kann auch keine Mehrheit sein, und Anderssein setzt Differenz voraus.

Wie kann aber die Mehrheit mit dem indifferenten Sein zusammenbestehen? So, daß wo kein verschiedenes Sein ist, doch ein verschiedenes und unterschiedenes Existieren besteht. Denn wo mehrere ein indifferentes Sein kraft differenter Ursprünge haben, wahren sie die Einheit der Substanz in der mehrfachen Existenz. Wir zeigten schon oben: eine göttliche Person ist nichts anderes als eine unmitteilbare Existenz.

Es genügt also, wohlgemerkt, daß eine göttliche Existenz ein unveräußerliches Merkmal habe, um als Person erkannt und bewiesen zu sein. Sie kann mehrere solche Eigenschaften haben, aber eine genügt zur Feststellung ihres Personseins. Denn so ist erwiesen, daß sie Einer ist, durch diese Eigentümlichkeit von den übrigen abgeschieden. Wir fassen damit nur schon Gesagtes zusammen, um eingeübter und bereiter das noch zu Erforschende anzugehen.

Feststeht die Einheit der göttlichen Substanz, die Vielheit der Personen, der innige Zusammenhang zwischen Einheit und Vielheit; so wird es nun Zeit, nach den einzelnen Merkmalen der Personen zu fragen und jeder ihre Besonderheit zuzuweisen. Wir wissen schon, daß die Drei in der Dreieinigkeit — Personen, Existenzen, oder wie man sie nennen will — durch Eigentümlichkeiten unterschieden sind und daß wir dafür nur die Ursprungsverhältnisse als Ursache aufsuchen müssen. Welche Merkmale aber den Einzelnen zustehen, haben wir noch nicht mit der überlegenden Vernunft erkannt.

Geben wir uns also auch hier wie im vorigen Mühe, das im Glauben Bejahte denkend zu durchdringen und durch das Zeugnis eines sicheren Erweises zu bestärken.

Die schönste Verbindung zwischen den Personen

II.

Als erstes wollen wir etwas sagen, was wir allesamt aus einem natürlichen Instinkt erkennen und in täglicher Erfahrung bestätigt finden. Offenkundig sind mehrere Personen um so verbundener, je enger ihre Verwandtschaft ist, und je verbundener sie sind, desto glücklicher sind sie auch.

Wer wollte demnach zu behaupten wagen, in der Fülle der höchsten Seligkeit fehlte dieses Moment der größeren Freude, während das weniger Freudige in ihr läge? Hätte somit jede Person ihr Sein aus sich selbst, dann würde ihre Vielheit durch kein Verwandtschafts-Verhältnis verknüpft. Wer unterfinge sich also zu meinen oder zu sagen, die Vielheit des höchsten Einen könnte einerseits so eng verbunden, anderseits untereinander so fern und gleichsam entfremdet sein, daß sie dort, wo sie eins sind, höchste Ununterschiedenheit wären, dort aber, wo sie viele sind, jede Verbindung fehlte?

Ich frage dich: Welche Vielheit erscheint dir schöner, angemessener: jene, die sich in einer geordneten Abfolge von Variationen entfaltet, sich in wundersam gefügten Proportionsverhältnissen verflicht, oder jene, bei der kein Zusammenklang der Varianten, kein variabler Zusammenklang die Elemente verbindet, keine Ordnung die Andersheit durchschmückt? Niemand wird sagen wollen, daß das Schönere in der höchsten Schönheit fehlen kann, während das minder Schöne ihr eignet.

So müssen wir die Gewißheit haben, daß freudvollste Verwandtschaft der Personen innerhalb der höchsten Seligkeit nicht fehlen kann, eine durchaus geordnete Variation der Eigentümlichkeiten in der höchsten Schönheit walten muß.

Doch könnte dieser Grund manchen vielleicht eher wahrscheinlich als notwendig vorkommen, deshalb wollen wir die Untersuchung mehr in die Tiefe führen.

Nur eine Person existiert durch sich selbst

III.

Was wir zu Beginn dieses Werkes von der Substanz sagten, kann hier mit Entschiedenheit auf die Person angewendet werden. Denn in beiden Fällen kehrt derselbe Grund wieder, und dieser fordert eine gleiche Beurteilung[1] .

Das von der Substanz Gesagte muß jetzt von der Person ausgesagt werden: es muß eine geben, die aus sich selbst und nicht von einer andern her ist, sonst müßten ja in der Gottheit unendlich viele Personen sein. Wenn die eine von einer andern, diese wieder von einer andern wäre und so immer fort, so würde diese Kette von Hervorbringungen endlos ins Unabsehbare gehen, und dann hätte die Reihung und Ordnung der Dinge, die ohne Ursprung nicht denkbar ist, keinen Ursprung, wo-

1   Vgl. oben Buch 1, XI, XII.

mit ich jetzt keinen zeitlichen Anfang, sondern ein Erzeugungs- oder Begründungsprinzip meine.

Hierin und in ähnlichen Situationen ist die Wahrheit so offenkundig und das Sinngefüge so lichtvoll, daß jeder Beweis sich erübrigt. Daß niemand wirkt, was er nicht kann, daß niemand gibt, was er nicht hat, daß alles, was einmal anfing, vorher nicht war, daß alles, was einmal anfing und vorher nicht war, der Zeit unterliegt, daß keine Zusammensetzung ohne einen Zusammensetzenden sein kann, keine Verteilung ohne einen Verteilenden, daß es etwas gibt, über das hinaus nichts Größeres, nichts Besseres existiert: das sind lauter evidente Sätze für vernünftige und ihre Vernunft gebrauchende Wesen. Wer einen solchen Satz vernimmt und den Sinn der Worte versteht, stimmt sogleich zu und hat keinen Grund zum Zweifeln.

Damit wir also nicht im Widerspruch zu unserem Bewußtsein die Zahl der göttlichen Personen sich ins Unendliche vermehren lassen, müssen wir zugeben, daß eine Person aus sich selber existiert und nirgendwo anders her ihren Ursprung bezieht. Und wenn eine solche aus sich seiende Person zugestanden ist, stellt sich die Frage, ob sie eine mitteilbare oder unmitteilbare Existenz sei, ob also nur eine einzige Person aus sich selber sein, oder ob sie dies mit mehreren gemeinsam haben kann.

IV.

Das erfordert eine sorgfältigere Überlegung und ruft uns zu vertiefter Einsicht auf; wie Bauleute müssen wir tiefer graben und unserer Beweisführung ein solides Fundament von Evidenz verschaffen; gilt es doch nachher, unser Gebäude bis zu den Höhen der Einsicht ins Geheimnis aufzurichten. Wir wollen deshalb mit Unzweifelhaftem beginnen.

Klar ist: alles Seiende hat ein zusammengesetztes oder ein einfaches Sein. Ebenso klar: alles Besessene wird entweder in Teilnahme oder in der ursprünglichen Fülle besessen. Und: eines ist, aus Vielem und Verschiedenem eine gewisse Einheit herstellen, ein anderes, ein Einiges in vieles zerteilen und es nach seinem Ermessen unter vielen verteilen. Aber, wie gesagt: keine Zusammensetzung ohne einen Zusammensetzenden, keine Verteilung ohne einen Verteiler.

Sehen wir nun zu, ob jenes Seiende, das mit Sicherheit aus sich selber stammt, ein zusammengesetztes Sein haben kann. Zusammensetzung fordert einen Zusammensetzer. Bedarf das Seiende dessen Mitwirkung, dann hat es sein Sein gewiß nicht aus sich selbst. Kein Zusammengesetztes kann also aus sich sein. Was ohne Ursprung und Ursache ist, muß ein allereinfachstes Sein haben.

Für einen solchen müssen demnach Sein und Können, Können und Wissen zusammenfallen. Was vom Sein aus gewonnen wurde, kann auch vom Können her angegangen werden. Fragen wir: Hat ein solcher sein Können in der Fülle oder durch Teilnahme? Wo aber Teilnahme ist, ist auch Verteilung, und diese wiederum ist nicht ohne Verteiler. Wer also das Können nur durch Teilnahme hat, ist sicher von einem Verteiler abhängig. Ein aus sich Seiender, der aber das Können nicht aus sich hätte, wäre also in bezug auf das Können auf die Wohltat eines Fremden angewiesen. Dann aber ist auch sein Sein von dieser Art, weil doch gezeigt wurde, daß bei ihm Sein und Können identisch sind. Entweder hat er beides aus sich oder keines von beiden.

Dies ergibt: ein aus sich Seiender kann nicht durch Teilnahme mächtig sein, somit kann er die Macht nur in der Fülle haben. Und wo Machtfülle ist, ist jegliches Können. Wenn also die Person, in der Sein und Macht eins sind, ihr Sein aus sich hat, hat sie auch ihre Macht aus sich, ihre Macht aber ist Allmacht, darum ist alle Macht aus ihr, aber desgleichen alles Sein, alle Existenz. So stammt also jegliches Seiende, jedes Wesen, jede Existenz aus ihr, ja recht eigentlich jede menschliche, englische und göttliche Person.

Wenn aber alle übrigen Personen aus ihr stammen, dann steht ebendamit fest, daß sie als einzige ursprungslos ist, während alle übrigen einzig von ihr her sein können, da sie die Allmacht ist. Und damit siehst du klar, daß ihre Existenz unmitteilbar ist und nicht mehreren gemeinsam sein kann.

V.

Wir wissen jetzt: aus sich selbst Person sein ist eine unveräußerliche Existenz. Und im voraus wissen wir nun auch, daß es keine unveräußerliche Existenz sein kann, von einer andern Person her zu sein. Sonst könnten ja in Gott nicht mehr als zwei Personen bestehen[2]. Unmitteilbar ist es also für eine Person, aus sich selbst zu sein, während es für die andern gemeinsam ist, nicht aus sich selbst zu sein. Du siehst: die unmitteilbare Existenz bringt die mitteilbare, ja gemeinsame hervor, die aus ihr als ihrem Ursprung hervorgeht.

Wir haben also durch Schlußverfahren den Existenzmodus wiedergefunden, von dem wir zu Beginn dieses Werkes sprachen, wo wir eher Gründe der Angemessenheit als solche der Notwendigkeit anwandten[3]. Wir sagten damals, es gäbe dreierlei Weisen zu existieren: eine von Ewigkeit und aus sich selbst, eine nicht von

---

2 Hier wird deutlich, daß Richard auf den Glauben zurückgreift, d.h. die Trinität nicht rein rational deduzieren will.

3 Vgl. oben Buch 1, VI und IX.

Ewigkeit und nicht aus sich selbst, und dazwischen eine von Ewigkeit und nicht aus sich selbst. Oben wurde aber bewiesen, daß alle drei Personen mit-gleich und mit-ewig sind. Wie also die Existenz, die aus sich selbst stammt, ewig ist, so ist auch jene, die aus ihr hervorgeht, ewig. Die Existenzweise, die zwei Personen gemeinsam ist, ist Ewigsein und doch nicht Aus-sich-Sein.

Wieder siehst du, daß die beiden ersten der erwähnten Existenzweisen sehr verschieden, ja gegensätzlich sind. Diesen Gegensatz der Merkmale verbindet der dritte Existenzmodus in einem gewissen proportionalen Verhältnis und bringt die Extreme durch seine Vermittlung zueinander: mit dem einen hat er das Ewigsein gemeinsam, mit dem andern das Nicht-aus-sich-, sondern Von-einem-andern-her-Sein.

Wir haben jetzt das Unveräußerliche einer Person gewonnen, und das, was den beiden andern gemeinsam ist, deren Eigentümlichkeiten aber haben wir noch nicht mit Vernunftgründen erwiesen.

Verschiedene Weisen des Hervorgangs

VI.

Durch die Dinge, die wir aus der Erfahrung erkennen, werden wir angewiesen, wie wir nach den unerfahrbaren, göttlichen zu suchen haben. *Durch das Geschaffene hindurch wird das Unsichtbare Gottes begriffen und angeschaut* (Röm 1,20). Wenn wir hoch steigen wollen, legen wir eine Leiter an, wir Menschen, die wir nicht fliegen können. Und als Leiter verwenden wir den Gleichnischarakter der sichtbaren Welt: was wir in sich selbst und unmittelbar nicht wahrnehmen können, läßt sich dann von einem solchen Beobachtungspunkt (specula) und wie durch einen Spiegel (speculum) hindurch anschauen[4].

In der Menschenwelt sehen wir eine Person aus der andern hervorgehen, und ein solcher Hervorgang kann auf drei Arten erfolgen. Entweder nur unmittelbar oder nur mittelbar oder gleichzeitig mittelbar und unmittelbar. Sowohl Jakob wie Isaak sind aus der Substanz Abrahams hervorgegangen, aber des einen Hervorgang war nur mittelbar, der des andern nur unmittelbar. Durch Vermittlung Isaaks ging Jakob aus Abrahams Lenden hervor. Desgleich gingen Eva, Seth und Henoch aus der Substanz Adams hervor, aber der erste Hervorgang war nur unmittelbar, der zweite dagegen sowohl vermittelt wie unmittelbar: denn Seth ging unmittelbar aus Adams Substanz hervor, sofern er aus dessen eigenem Samen war, mittelbar aber, sofern er aus Eva stammt. So wird in der Menschennatur eine dreifache Art persönlichen Hervorgehens unterschieden.

Und obwohl diese Natur der einmaligen, übererhabenen Natur sehr fern zu stehen scheint, waltet doch eine schwache Ähnlichkeit, denn jene ist ja nach dem Gleichnis dieser erschaffen worden. Man muß sich also aufgrund dieses Verhaltes von der Menschennatur aus zu jenem Beobachtungspunkt der Kontemplation erheben und von dort aus mit Sorgfalt erforschen, was gemäß dem Verhältnis von Ähnlichkeit und Unähnlichkeit sich in Gott findet und was nicht. Wollten wir in Gott die drei Existenzweisen wiederfinden, die wir beim Menschen feststellten, so kämen wir mit dem aus sich Seienden zusammen auf vier Personen in Gott. Um das zu vermeiden, müssen wir genau überlegen, welche die-

---

4 Augustin hatte die Existenz einer solchen "specula" zur Beobachtung
   Gottes ausdrücklich abgelehnt und nur den Spiegel, "speculum"
   (nach 1 Kor 13) zugelassen: De Trin. XV, 8, 14 (PL 42, 1067–1068).
   Richard braucht ungescheut beide Ausdrücke. Für ihn sind "speculatio" und "contemplatio" nah verwandt.

ser Merkmale sich in ihm wirklich finden, denn alle
zusammen können nicht in ihm sein.

Der unmittelbare Hervorgang

VII.

Sicher und unzweifelhaft ist, daß der allerursprünglich-
sten Existenz eine andere auf unmittelbare Weise entstammen muß; denn sonst würde jene einsam verharren.
Eine zweite kann aus der ersten nur entweder unmittelbar oder mittelbar hervorgehen; wo jedoch noch kein
unmittelbarer Hervorgang existiert, kann kein mittelbarer sein, ebensowenig ein zugleich mittelbarer und
unmittelbarer. Nichts aber steht einem unmittelbaren
Hervorgang im Wege, auch wo der mittelbare ausgeschlossen ist. Der unmittelbare Hervorgang ergibt zwei
Personen; wo ein mittelbarer besteht, braucht es jedenfalls drei Personen. Beim unmittelbaren Hervorgang bedarf es einer hervorbringenden und einer hervorge-
brachten Person. Der vermittelte Hervorgang fordert
außer den Personen, bei denen er anhebt und sich vollendet, eine dritte, in der die Vermittlung erfolgt.

Naturhaft steht die Zweiheit an früherer Stelle als
die Dreiheit. Jene kann ohne diese sein, diese nie ohne
jene. Somit ist auch der Hervorgang, der in der Zweiheit der Personen bestehen kann, naturhaft früher, als
jener, der nur in der Dreiheit bestehen kann. Gewiß:
in der wahren und ewigen Personvielheit gibt es kein
Voraus und kein Nachher, kein zeitliches Früher und
Später. Aber was nicht zeitlich früher sein kann, das
kann in der Ordnung der Verursachung und damit der
Natur einen Vorrang haben.

Wir sagten viel weiter oben[5]: die Vollkommenheit

5 Vgl. Buch 3, III, IV.

der einen Person erfordert das Mitsein einer andern. Und so wird eine der andern Ursache. Denn die Fülle der Gottheit ist Fülle der Güte und damit der selbstlosen Liebe. In dieser muß aber der eine den andern wie sich selbst lieben, sonst wäre seine Liebe noch der Zunahme fähig. Auch braucht er einen Gleichwürdigen, damit er ihn wie sich selbst lieben kann und es mit Recht auch muß. Wenn also die ursprüngliche Person wahrhaft allgütig ist, dann wird sie auf jeden Fall wünschen, was die höchste Liebe erfordert. Und wenn sie wahrhaft allmächtig ist, dann muß sich auch alles verwirklichen, was sie als seiend will. Da also die Liebe es fordert, will sie einen Gleichwürdigen haben, und da die Macht es gewährt, erhält sie das Gewünschte auch. So ist der Satz erwiesen, daß die Vollkommenheit der einen Person der Grund für die Existenz der andern ist. Und sofern deren Dasein von der ersten verursacht ist, ist die erste Grund der Existenz der zweiten. Deren Existenz kann nur von jener her sein, bei der, wie wir sahen, die Allmacht liegt.

So bezeugt sich ein Grund dem andern, gesellt sich einer bestärkend zum andern. Du hast nun: Person aus Person, Existenz aus Existenz, Einen aus einem Einzigen, Einen, der hervorgehen kann, aus Einem, der nicht hervorgehen kann, Einen, der geboren werden kann, aus Einem, der nicht geboren werden kann[6], Einen schließlich, der dem ersten unmittelbar anhängt, weil er aus ihm unmittelbar hervorgeht. Daß die göttliche Natur eine solche Existenz in sich birgt, kann nicht länger bezweifelt werden, ob sie aber mitteilbar oder un-

---

6 "innascibilis" (vom Vater schon bei Irenäus und Tertullian, mit Vorliebe bei Hilarius), wird von Richard häufig, besonders im 6. Buch gebraucht. Die Übersetzung von "nascibilis" und "innascibilis" wird im folgenden überwiegend mit "geboren werden könnend" und "nicht geboren werden könnend" wiedergegeben, kann aber auch "gezeugt" und "ungezeugt" lauten.

mitteilbar sei, ist noch nicht durch Vernunftgründe erwiesen.

Sowohl unmittelbarer wie mittelbarer Hervorgang

VIII.

Da es sicher ist, daß die dritte Person der Dreifaltigkeit nicht aus sich selbst ihren Ursprung zieht, muß sie entweder von einer der beiden andern, oder von beiden zusammen ausgehen. Wir fragen jetzt, welche dieser beiden Möglichkeiten gilt und wie ihre Geltung beweisbar ist.

Daß die Person mit der höchsten Würde eine mitwürdige braucht, wurde vorhin klar gezeigt[7]. Um ihrer aber mitwürdig zu sein, mußte sie vom Allmächtigen auch die Allmacht erhalten, um gleich allmächtig, ja mehr: die gleiche Allmacht zu sein. Es gibt, wie oft gesagt[8], nur eine einzige Allmacht. Hat sie aber dasselbe Können erhalten, dann gewiß von jenem, der der Ursprung alles Könnens, alles Seins, alles Existierens ist, von dem her, wie gesagt, jedes Wesen und jede Existenz das Sein hat. Ist aber den beiden die Allmacht gemeinsam, dann folgt, daß die dritte Person der Dreifaltigkeit von beiden das Sein und die Existenz erhält[9].

Hier mag einer einwenden: Wenn die geborene Person dasselbe Können bekam und besitzt wie die ungeborene, dann muß sie doch auch die Macht erhalten haben, aus sich selber zu sein, was das besondere Merkmal der ungeborenen Person ist. Doch wer so redet, scheint mir nicht recht zu wissen, was er sagt. Um jedoch unsern Satz besser zu beleuchten, wollen wir diese Rede untersuchen. Es wird also gesagt: Wenn der

7 Vgl. oben Buch 3, II, VII.
8 Vgl. Buch 1, XXV; Buch 2, XV; Buch 4, XIX.
9 Ähnlich Anselm, De processione S. Spir. 7 (PL 158, 298).

Ungeborene dem rein-unmittelbar aus ihm Hervorgehenden die Fülle seiner Allmacht gegeben hat, dann auch die Macht, aus sich selbst zu existieren, da er ja allmächtig ist und alles kann.

Ich erwidere und behaupte zuversichtlich: Er mag aus sich selber sein, wenn er es wirklich kann. Denn die göttliche Natur ist völlig unwandelbar. Ist er also aus sich selber, dann steht fest, daß er es ohne die Zutat eines andern ist. Aber wenn der Ungeborene ihm diese Macht gegeben hat, dann hat er diese doch durch Zutat eines andern. Soll er sie also gleichzeitig ohne und mit Zutat haben? Der Satz scheint mir einen Widerspruch einzuschließen. Ist es doch widersprüchlich, das genau Gleiche durch Gabe eines andern und ohne seine Gabe zu haben. Eines kann nicht zugleich sein und nicht sein.

Also hat eine höchstwürdige Person, um gemäß der Forderung der Allgüte eine mit-würdige zu haben, der aus ihr hervorgehenden Existenz alles gegeben, was der Allmächtige wahrhaft geben konnte. So ist beiden das Können gemeinsam, durch das alle übrigen Wesen Sein und Können erhalten. Von dieser doppelten Existenz geht jede Wesenheit, jede Person, jede Existenz hervor, somit auch die dritte Person der Dreifaltigkeit.

Dazu stimmt das Ergebnis unserer früheren Untersuchung über die Dreifaltigkeit. Dort wurde mit gutem Grund, ja durch mehrere Beweisverfahren gezeigt, daß wie die Vollkommenheit einer Person die Ursache der andern, so die Vollkommenheit der beiden die Ursache der dritten Person in der Dreifaltigkeit ist. Denn wie die Vollkommenheit des Einen einen Mit-Würdigen verlangt, so fordert die Vollkommenheit der beiden einen Mit-Geliebten. Wir wollen aber auf dieses zur Genüge Ausgeführte nicht nochmals zurückkommen.

Als Sicherstes ergibt sich daraus, daß die dritte Person auch ihre Existenz von denen her bekommt, die den Grund ihres Existierensollens in sich hatten. Damit ist aber auch erwiesen, daß die dritte Person der Dreifaltigkeit ihr Sein von den andern beiden her hat. Sie hat ihren Ursprung von den beiden her; aber noch bleibt zu fragen und vernünftig zu überlegen, ob die ihr mitgeteilte Existenz mitteilbar oder unveräußerlich ist.

Kein weiterer möglicher Hervorgang

IX.

Das aufgestellte Programm ist damit großenteils abgewickelt. Es ergab sich: notwendig muß eine Existenz sein, die der ungeborenen unmittelbar verbunden ist. Dann ergab sich eine andere, der ungeborenen durch unmittelbare und mittelbare Verwandtschaft verbundene Existenz. Zu erforschen bleibt, ob es eine weitere geben kann, die mit der ungeborenen nur mittelbar zusammenhängt.

Eines wird gewiß kein vernünftiger Mensch annehmen wollen: daß eine Person in Gott sei, die den Ungeborenen nicht unmittelbar, sozusagen Antlitz zu Antlitz sehen dürfte oder wollte. Sehen aber heißt in Gott: schauend erkennen, erkennend schauen[10]. Und den Ungeborenen erkennen heißt: die Fülle der Weisheit haben. Und Wissen ist in Gott identisch mit Sein. Der Quell des Wissens ist zugleich der Quell des Seins. Woher eine Person ihre Weisheit hat, daher hat sie ihre Existenz, und wenn sie von jenem unmittelbar ihre Weisheit erhält, dann auch unmittelbar ihre Existenz.

10 Vgl. Augustinus, De Trin. II, 1, 3 (PL 42, 846): "Auf solche Weise sieht der Sohn den Vater, daß er eben, sofern er ihn sieht, der Sohn ist. Denn für ihn besagt im Vater sein, nämlich aus dem Vater geboren werden, dasselbe wie den Vater sehen."

Behauptet man, daß diese Person den Ungeborenen nicht unmittelbar sieht, dann ist die Folge, daß sie die allseitige Beschauung der Wahrheit nicht besitzt. Dann hat sie aber auch nicht die ganze Fülle und folglich nicht die wahre Gottheit.

Man könnte einwenden: Wie jede Person den aus ihr Hervorgehenden sieht, so jede hervorgehende ihren Hervorbringer. Warum kann dann nicht ebensogut diese aus jener, wie jene aus dieser hervorgehen? Darauf antworte ich kurz: Jede Gottperson erhält jedenfalls beim Anblick der andern das volle göttliche Wissen und ebendamit das göttliche Sein, falls sie es nicht anderswoher schon hätte. Hat sie es schon, so braucht sie es nicht notwendig von dorther zu haben. Ein Beispiel soll das deutlicher machen: in einer Schrift steht eine Wahrheit, der eine kennt sie schon anderswoher, ein anderer kennt sie nicht anderswoher, beide lesen den Text und verstehen ihn, aber die Lektüre bringt die Wahrheit nur dem bei, der sie nicht anderswoher schon besitzt.

Die göttlichen Personen betrachten einander alle gegenseitig und unmittelbar, eine wirft den Strahl des höchsten Lichtes auf die andere und empfängt ihn von der andern her. Und weil sie unmittelbar schauen, sind sie auch unmittelbar beieinander. So ist es in Gott unmöglich, daß eine göttliche Person einer andern nur durch mittelbare Verwandtschaft verbunden sei. Dies erhärtet, was oben vom Hervorgang der dritten Person gesagt wurde. Wer wollte leugnen, daß sie die andern Personen schauend erkennt und erkennend schaut? Die Personen aber bilden zusammen nur eine unteilbare Weisheit. Weil also die dritte Person nichts aus sich selber hat, ergibt sich, daß sie aus der Anschauung der Weisheit das Weisesein erhält, und gleichzeitig das Sein, da ja beides identisch ist.

Damit ist durchforscht und gefunden, was oben zum

Erforschen vorgestellt worden war. Gefunden wurde, daß es in Gott einen nur unmittelbaren und einen sowohl unmittelbaren wie mittelbaren Hervorgang gibt, während ein nur mittelbarer ausgeschlossen ist.

Jede Art des Hervorgangs entspricht nur einer Person

X.

Aus diesen Darlegungen ergibt sich mit Gewißheit: Falls es in Gott eine vierte Person gäbe, so müßte sie aus den drei ersten unmittelbar hervorgehen. Sonst wäre sie mit ihnen nur durch mittelbare Verwandtschaft verbunden und würde sie nur mittelbar sehen. Und könnte eine fünfte Person in Gott sein, so müßte sie ähnlich aus den übrigen vier hervorgehen; und führte man die Reihe fort, so wäre es immer nach dem gleichen Gesetz.

Früher Gesagtes bestärkt[11] das. Wie nämlich die Macht, aus der die dritte Person ihren Ursprung zieht, den beiden ersten gemeinsam sein muß, so müßte ja wohl auch die Macht, aus der eine vierte hervorginge, den drei ersten gemeinsam sein. Sonst würden zwei geizig für sich behalten, was sie der dritten, ohne ihre Eigentümlichkeit preiszugeben, wohl mitteilen könnten. Dasselbe würde auch für die weiteren gelten, da bei Fortführung der Reihe immer das gleiche Gesetz walten würde.

Nun aber ist zu beachten, daß die Differenz der Eigenmerkmale zusammenfällt mit der Zahl der Hervorbringenden. Die erste Person hat das Sein von keiner andern her, die zweite von einer allein her, die dritte von beiden her. Wäre ihre Zahl noch größer, müßte für jede die gleiche Art des Fortschreitens festgestellt werden. Der-

11 Vgl. oben Buch 3, XV.

gestalt läuft die Reihe der Differenzen der der Zahlen parallel.

Ferner erhellt: auf jede solche Differenz kann je nur eine Person fallen. Nur eine Person kann ja aus nur einer hervorgehen, desgleichen nur eine aus nur zweien. Denn wenn zwei aus nur einer hervorgingen, wäre keine dieser beiden der andern unmittelbar verbunden. Das aber wurde oben als unmöglich widerlegt[12]. Und was so von einer Differenz gilt, gilt von jeder andern.

Damit aber sind die beiden offengelassenen Fragen[13] gelöst. Wenn von einer Person nur eine einzige Existenz hervorgehen kann, kann nur eine Person aus nur einer sein, und es kann auch nur eine sein, die aus zweien hervorgeht.

Nur eine Person kann Prinzip jeder andern sein
XI.

Wir fanden, wie die personalen Differenzen nach Art und Ordnung der Zahlen zusammenhängen und hervorgehen. Bestünden aber soviele Personen als derartig bestimmte Differenzen möglich sind, so wären ihrer unendliche. So gilt es, die personalen Eigentümlichkeiten genauer zu betrachten, damit bezüglich ihrer Zahl kein falscher Verdacht aufkommen kann.

Wir zeigten, wie in der Mehrheit der göttlichen Personen eine Person sein muß, die nur aus sich selber entspringt. Ebenso aber, wie eine bestehen muß, die aus keiner entspringt, muß es auch eine geben, aus der keine entspringt. Beides wird durch einen ähnlichen Grund, einer gleichen Beweisführung erwiesen. Denn wäre in der wahren Gottheit nicht eine Person, aus der keine weitere hervorgeht, würde aus jeder wieder eine neue

12 Vgl. oben Kp. IX.
13 Vgl. oben Kp. VI.

hervorgehen, so ginge der Hervorgang endlos weiter und nirgendwo fände die Zahl der Personen ein Ende. Aber niemand hat so etwas gedacht und kein Vernunftgrund läßt es zu. Deshalb muß es in der Vielheit der Gottpersonen eine geben, aus der keine weitere hervorgeht. Sie muß aber selber ihren Existenzgrund aus einer andern haben, entsprechend dem, wie die ursprungslose Person Existenzgrund für eine andere sein muß. Beide Sätze haben eine gleiche Begründung, beide werden auf vergleichbare Art bewiesen. Nur eine Person kann aus sich sein, ginge jedoch keine aus ihr hervor, so bliebe sie ewig einsam. Entsprechend: nur eine bringt keine weiteren hervor, ginge sie selbst aus keiner andern hervor, so wäre sie aus der göttlichen Gemeinschaft ewig ausgeschlossen. Wir zeigten aber deutlich[14], daß viele Gründe die göttliche Einsamkeit ausschließen und die Mehrheit der Personen fordern. Deshalb muß in Gott Einer sein, der ursprungslos Ursprung von Existenz ist, und umgekehrt Einer, der seine Existenz vom andern empfängt und nicht selber zum Ursprung wird.

XII.

Es gibt also, wie gesagt, in Gott die Person, aus der keine weitere hervorgeht. Man kann sich noch fragen, ob dies eine besondere Eigentümlichkeit einer Person sei, oder ob es mehreren gemeinsam sein könnte.

Hätten aber zwei diese Eigentümlichkeit gemeinsam, dann würde natürlich keine der beiden aus der andern hervorgehen, und dann wären sie untereinander nicht unmittelbar verbunden, sondern nur mittelbar miteinander verwandt. Das aber ist, wie oben aufs klarste gezeigt wurde, ganz unmöglich. Somit ist es wirklich

14 Vgl. oben Buch 3,V.

einer einzigen Person eigentümlich, daß keine aus ihr hervorgeht.

Wenn sich also in Gott nur eine ursprungslose und nur eine keinen Ursprung gebende Person finden kann, dann werden beide Eigentümlichkeiten unmitteilbare Existenzen begründen, und sie können in keiner Weise mehreren gemeinsam sein. Ein Einziger nur in der Mehrheit der Personen empfängt und hat das Sein so vom andern, daß kein Einziger das Sein von ihm empfängt und hat.

Damit sind die Eigentümlichkeiten zweier Personen der Dreifaltigkeit so entfaltet, daß sie nicht im geringsten mehr in Zweifel gezogen werden können.

Nur eine Person kann sowohl hervorgehen
wie eine andere hervorgehen lassen

XIII.

Aus dieser doppelten Eigentümlichkeit zweier Personen können wir bedenkenlos einen Schluß auf die zwischenliegende personale Eigentümlichkeit ziehen. Konnte vorher nur Einer sein, der aus keinem andern ist, so folgt, daß der, den wir jetzt betrachten, nicht aus sich selber ist. Desgleichen: konnte vorher nur Einer sein, aus dem keiner hervorgeht, so folgt, daß der, den wir jetzt betrachten, Einen aus sich hervorgehen läßt. Er geht hervor und bringt auch hervor, und darin liegt offenbar seine Eigentümlichkeit. Dieser Satz entspricht dem früheren Satz, daß die Person, die vom Ungeborenen ausgeht, beides nur unmittelbar hat und haben muß: das Sein, das sie in Fülle vom Ungeborenen empfängt, gibt sie unvermindert einem andern weiter. Geht doch in der Dreifaltigkeit die dritte göttliche Person sowohl vom Geborenen wie vom Ungeborenen hervor.

So ergänzen sich die Gründe, und Beweis spielt hinüber zu Beweis. Und nun erscheint in voller Klarheit: in den Dreien haben wir die Unterscheidung der Eigentümlichkeiten gefunden: die des ersten: nicht hervorgehen, aber hervorbringen, die des zweiten: hervorgehen und hervorbringen, die des dritten: hervorgehen und nicht hervorbringen. Von zweien wissen wir schon, daß sie unveräußerlich sind, von der dritten muß es noch untersucht werden.

XIV.

Aber da wir es von zweien schon wissen, daß sie unmitteilbar sind, wissen wir es ebendamit auch von der dritten. Damit es aber nicht scheine, hier liege bloße Wahrscheinlichkeit und nicht Notwendigkeit vor, wollen wir der Aussage genauer nachgehen. Beachten wir zuerst genau, wie die Eigenschaften zweier Personen einander spiegelverkehrt anblicken und sich im Gegenwurf entsprechen. Die eine erhält die Fülle nicht, aber gibt sie; die andere gibt sie nicht, aber erhält sie. Dort jedoch waltet höchste Schönheit, wo keinerlei Vollkommenheit mangelt. Kein gesunder Sinn aber wird daran zweifeln, daß die Mehrheit der göttlichen Personen sich in wohlgeformtester Schönheit verflechten und in geordnetster Verschiedenheit unterscheiden muß. So ziemt es sich denn, daß in der höchst schönen, allharmonischsten Vielheit der göttlichen Personen ein unterscheidender Zusammenklang wie eine zusammenklingende Unterscheidung besteht. Von hier aus erscheint es als notwendig, daß zwischen der Person, die die Fülle gibt und nicht empfängt, und jener, die sie empfängt und nicht gibt, nur eine in der Mitte stehe, deren Eigentümlichkeit ist, zu geben wie zu empfangen, um so von der Mitte her mit jeder andern zusammenzuhängen. Gebend ist sie eins mit der gebenden, empfan gend mit der empfangenden, aber wiederum: gebend unterscheidet sie sich von der nichtgebenden, empfangend von der nichtempfangenden, so daß, wie gesagt, unterscheidender Zusammenklang und zusammenklingende Unterscheidung herrscht.

Würden aber zwei vermittelnde Personen gesetzt, so würden Unstimmigkeiten daraus erfolgen. Es müßte die erste aus keiner, die zweite aus einer, die dritte aus zweien, die vierte aus dreien stammen, wie ja zuvor schon erörtert wurde. Das so erreichte Verhältnis scheint etwas von einer arithmetischen Proportion an sich zu haben.

Bemerken wir aber, daß jene Art geometrischer Proportion, die wir vorher in der Dreifaltigkeit der Personen feststellten, durch die von anderem Gesichtspunkt her eingeführten Vierzahl gestört wird. Der Ursprungsperson steht es natürlich zu, die Fülle nur zu geben, den beiden mittleren, zu geben wie zu empfangen, der vierten dagegen, nur zu empfangen und nicht mehr zu geben. Stimmt die erste Person mit der zweiten in einem Punkt überein, so die zweite mit der dritten in zwei Punkten, die dritte mit der vierten aber nur in einem. Die Verdoppelung der einen Eigentümlichkeit, ihre Vergemeinschaftung stört somit die Proportion, statt sie herzustellen, vermindert die Schönheit, statt sie zu erhöhen. Wer wollte aber behaupten, in der höchsten Schönheit könnte etwas sein, was die Schönheit verstörte oder die Ordnung verwirrte? Dagegen hatten in der vorhergehenden Anordnung der Eigentümlichkeiten die Proportionen — nach einer Rücksicht eine

15 Die alte Arithmetik (vgl. Boethius, De Arithmetica I 43 (PL 63, 1147—1156) kennt neben der arithmetischen (1+2+3 . . .) und geometrischen (1x2, 2x2, 4x2 . . .) eine harmonische Proportion (analog zu den Proportionen der musikalischen Intervalle. In der Reihe 3, 4, 6 ist 6 das Doppelte von 3, das Verhältnis von 4 zu 6 das Doppelte vom Verhältnis 3 zu 4. — Richard verwendet diese mathematischen

arithmetische, nach der andern eine geometrische — die im Zusammenrücken von Dreifaltigkeit und Einheit entstanden, eine ausgesprochen harmonische Proportion und entsprachen sich auf wunderbare Weise[15].

Daraus ergibt sich, daß es Eigentümlichkeit einer einzigen Person ist, die Fülle sowohl zu geben wie zu empfangen; und daß diese Eigentümlichkeit ebenso wie die beiden andern unmitteilbar ist.

Ausschluß der Vierheit

XV.

Allen göttlichen Personen ist es ohne Zweifel gemeinsam, die ganze Fülle zu besitzen. Die Unterscheidung der Eigentümlichkeiten aber wird durch zweierlei erzeugt: durch Geben und Empfangen. Das Eigene der einen Person besteht im Geben allein, das der andern im Empfangen allein, das der dazwischen vermittelnden im Geben und Empfangen. Hier könnte nun einer sagen: wenn es Geben allein, Empfangen allein, Geben und Empfangen gibt, warum dann nicht als Viertes weder Geben noch Empfangen? Dann hätten wir eine Quaternität der Personen.

Doch ein aufmerksamer Leser, selbst ein minder gebildeter, wird unzweifelhaft die Lösung aus dem vorigen schon gefunden haben. Denn es wurde ja klar gezeigt, daß nur eine einzige Person in Gott aus sich selber sein kann. Und eine Person, die nicht empfängt, was sie ist oder kann, und keinem mitteilt, was sie hat, müßte ja wiederum in Ewigkeit einsam verharren.

Verhältnisse nur als ein Bild oder Gleichnis für seinen Gegenstand. In einer Quaternität wäre die Reihe der Hervorgänge "arithmetisch", 2 ginge aus 1, 3 aus 2, 4 aus 3 hervor, es bestünde aber keine geometrische Proportion mehr und noch weniger eine harmonische, während er in der wahren Trinität alle drei Arten der Proportion wiederfinden will.

So gibt es in Gott keinen Raum für eine vierte Eigentümlichkeit, der Verdacht einer Quaternität wird gänzlich ausgeschlossen. In Gott gibt es keine vierte Person.

Unterscheidung der Personen aufgrund des Wesens der Liebe

XVI.

Dieser Ausschluß läßt sich durch eine tiefere Erwägung noch verstärken. Wenn wir die Fülle der wahren Liebe bedenken und von diesem Standpunkt aus die Unterscheidung der Eigentümlichkeiten ansehen, werden wir vielleicht rasch das Gesuchte finden.

Wahre Liebesfülle findet sich nur, wo höchste, allseitige, vollkommene Liebe waltet. Den Namen der höchsten Liebe verdient aber nur die, bei der erwiesen ist, daß keine größere und auch keine bessere Liebe möglich ist. Hierbei ergibt sich auch, daß die Fülle der wahren Liebe bei keiner nichtgöttlichen Person angetroffen werden kann. Denn wäre es außerhalb von Gott einem gelungen, die Fülle der wahren Liebe zu haben, dann könnte ja eine Person existieren, die Gott gleich, aber doch nicht Gott wäre. Aber wer wollte auch nur im leisesten so etwas denken?

Nun aber kann wahre Liebe entweder in spontaner Hingabe ungeschuldet *(gratuitus)* oder in geziemender Antwort (geschuldet, *debitus)* liegen oder aus einer Mischung von beidem bestehen: dem einen gegenüber geziemende Antwort, dem andern gegenüber spontane Hingabe. Liebe ist ungeschuldet, wenn sich einer dem, von dem er keinerlei Geschenk erhalten hat, spontan zuwendet. Geschuldet ist Liebe, wenn einer dem, von dem er ungeschuldete Liebe erhielt, nichts anderes zurückgibt als Liebe. Liebe ist aus beidem gemischt, wenn einer in einer Doppelhaltung der Liebe ungeschuldet empfängt und ungeschuldet verschenkt. Aber die Fülle der sich grundlos verströmenden wie der geziemend antwortenden wie der aus beidem gemischten Liebe kann eine Person, die nicht Gott ist, durchaus nicht besitzen. Das ist hinreichend klar geworden, man braucht darauf nicht zu beharren[16].

XVII.

Eine Person in der Dreifaltigkeit hat alles aus sich selbst. Sie erhält nichts von einem andern, verdankt nichts einer fremden Gabe. Geschuldete Liebe, wie sie oben beschrieben wurde, kann sie also nicht haben; denn wer nichts empfangen hat, kann keinem gegenüber Schuldner sein.

Aber spontan schenkende Liebe erzeigt wohl, wer den aus ihm Hervorgehenden aus dem Überfluß seiner Fülle so freigebig, großzügig und unberechnend dahinschenkt. Denn was können schon die aus ihm hervorgehenden Personen gleichsam als ihnen Geschuldetes fordern, wenn sie die Liebe, die sie dem ungeschuldet Liebenden schulden und wiedererstatten, als dessen Geschenk erhalten haben? Wäre dem nicht so, so besäßen sie ja etwas, was sie nicht von ihm erhalten hätten. Das früher Gesagte aber zeigt, wie falsch das ist.

Der Erste hat also eine spontane, rein aus sich selbst quellende Liebe. Ja er hat deren Fülle. Daß er sie hat, zeigt er, indem er nichts von der ihm eignenden Fülle für sich selber behält, sondern alles mitteilt. Hätte er die ganze Fülle und wollte er sie, obschon er es könnte, nicht mitteilen, so hätte er eben nicht die Fülle der

16 Die Franziskanerschule wird die Terminologie Richards ("ungeschuldet", "geschuldet", "aus beidem gemischte" Liebe) weiterführen: Summa Halensis I inq 2, tract unic, q 1, tit 2, c 3, art 3; Bonaventura, Itinerar. mentis in Deum VI, 2.

schenkenden Liebe. Aber sicher besitzt die Fülle der Liebe der, dem bei der Ausübung jeder wirksamen Hingabe weder das Wollen noch das Können abgeht.

XVIII.

Die Person dagegen, die hervorgeht, aber nicht hervorbringt, empfängt all ihr Sein von anderswoher und muß deshalb die Fülle der geschuldeten Liebe haben, denn würde sie dem Höchstliebenden nicht mit höchster Liebe antworten, so wäre sie der höchsten Liebe nicht würdig. Denn gewiß wird sie von denen mit höchster Liebe geliebt, die ihr die ganze Fülle zuwenden. Welche nicht geschuldete Liebe könnte sie ihnen somit zuwenden, da sie doch jegliche Fülle von ihnen in spontaner Zuwendung erhält? Und da keine weitere Person aus ihr hervorgeht, kann sie die Fülle ungeschuldeter Liebe in der Gottheit niemandem zuwenden. Sie kann zwar einer geschaffenen Person ungeschuldete Liebe erweisen, aber die ganze Fülle der ungeschuldeten Liebe kann sie einem Geschöpf nicht zuwenden, weil sie keine ungeordnete Liebe haben kann. Es wäre ja ungeordnete Liebe, ein Wesen mit höchster Liebe zu lieben, das dessen nicht wert ist. Höchster Liebe ist nun aber nicht wert, wer nicht selbst die höchste Güte ist; keine Person aber, die nicht Gott ist, kann höchst gut sein, weil sie Gott nicht gleichkommen kann[17].

So kann denn jene Gottperson aus den angegebenen Gründen die Fülle geschuldeter Liebe besitzen, und sie besitzt sie wirklich, während sie die Fülle ungeschuldeter Liebe nicht haben kann und nicht hat. Nur die Fülle der geschuldeten Liebe steht ihr an, da keine Person mehr aus ihr hervorgeht.

---

17 Wieder der Grundsatz der "geordneten Liebe", vgl. oben Buch 3, II.

Das über die beiden Personen Gesagte zeigt uns schon deutlich, was von der noch übrigbleibenden zu sagen ist. Da es ihr eigentümlich ist, sowohl aus einer andern hervorzugehen, wie daß eine von ihr hervorgeht, muß sie eine Fülle sowohl der ungeschuldeten wie der geschuldeten Liebe haben, da sie die eine dem einen, die andere dem andern unabgeschwächt zuzuwenden hat. Geschuldet ist, daß sie den mit höchster Liebe wiederliebt, von dem sie alles empfängt und dem sie nichts gibt, ungeschuldet dagegen, daß sie den mit höchster Liebe liebt, von dem sie nichts empfängt, dem sie aber alles gibt.

Damit ist deutlich, wie in dieser Betrachtungsweise die Eigentümlichkeiten jeder Person zu bestimmen sind. Einer der drei hat die höchste rein-ungeschuldete Liebe, ein anderer die höchste rein-geschuldete Liebe, im dritten ist die Liebe so die höchste, daß sie zum einen hin geschuldet, zum andern hin ungeschuldet ist. So gibt es innerhalb der höchsten Liebe eine dreifache Unterscheidung, obschon die Liebe in allen dieselbe ist, weil sie die höchstmögliche und wahrhafte ewige Liebe ist.

Wir können nun in dieser Erwägung der wahren und höchsten Liebe uns fragen, ob in dieser Mehrheit der Personen Raum ist für eine vierte.

Das Wesen der Liebe schließt die Vierheit aus

XX.

Sattsam wurde gezeigt, daß in Gott nur eine Person aus sich selber sein kann. Daraus kann der sorgsame Wahrheitsforscher deutlich entnehmen, daß in der gegenseitigen Liebe der Personen die Liebe notwendig einmal rein ungeschuldet, einmal rein geschuldet, einmal beides zugleich sein muß, daß aber die Fülle der ungeschuldeten Liebe nur in einem sein kann, die der geschuldeten auch nur in einem und die beides enthaltende wiederum nur in einem.

Was soll man aber dann sagen? Ist in jedem der drei ein Unterschied zwischen ihm selber und seiner Liebe? Ist in einem von ihnen ein Unterschied zwischen dem Sein und dem Lieben, dem Lieben und dem Sein? Wie bliebe dann jene wahre und höchste Einheit, die wir oben gesucht und mit so vielen Gründen sichergestellt haben?

Gewiß muß in der höchsten Einfachheit Sein und Liebe zusammenfallen. In jedem der drei sind also die Person und ihre Liebe identisch. Daß in der einen Gottheit mehrere Personen sind, heißt dann nichts anderes als daß mehrere die eine und selbige höchste Liebe haben, oder besser: gemäß der unterschiedenen Eigentümlichkeit diese Liebe sind. Diese bestimmte Person ist nichts anderes als die höchste Liebe auf diese bestimmte eigentümliche Weise. Die andere Person ist nichts als die höchste Liebe auf die andere bestimmte Weise. Und die dritte Person ist nichts als die höchste Liebe auf die dritte bestimmte Weise. Die Zahl der Liebesweisen ist auch die Zahl der Personen. Da jede Person eins ist mit ihrer Liebe, und die Unterscheidung der einzelnen ausschließlich nach den erwähnten drei Arten erfolgt, erweist sich, daß mangels einer vierten möglichen Art auch keine vierte Person möglich ist.

Damit niemand uns mißverstehe und uns dann grundlos den Gebrauch der Worte "ungeschuldet" und "geschuldet" vorwerfe, fügen wir folgendes bei: Wir wissen natürlich, daß man diese Worte in verschiedenem Sinn brauchen kann. Es läßt sich sagen: Der eine schuldet dem andern Liebe, weil er dessen würdig ist. Es läßt sich ebensowohl sagen: Der eine schuldet dem andern Liebe, weil er aufgrund einer Gabe oder Wohltat dessen Schuldner geworden ist[18]. Auch das Wort ungeschuldet kann entsprechend zweierlei Bedeutungen haben. Um Angriffe abzuwehren, haben wir näher bestimmt, in welchem Sinn die beiden Worte hier verstanden werden sollen. Es soll sich aber niemand wundern und Anstoß nehmen, daß wir, um unser Empfinden über so Unergründliches auszudrücken, die Worte verwenden, die uns zur Verfügung stehen.

Nun ist die früher gemachte Aussage nochmals bestärkt: Es kann in Gott keine vierte Person geben.

XXI.

Wollte einer, der *geübte Sinne* hat (vgl. Hebr 5,14), der zuletzt gemachten Betrachtung noch sorgfältiger nachgehen, so könnte er wohl noch mancherlei Punkte der schon gemachten Feststellungen erhärten.

Wer eine tiefere Anschauung der Einheit Gottes besitzt, weiß damit auch, daß er höchst gut und höchst selig ist. Fühlt er aber Unsicherheit in bezug auf die Mehrheit der Personen, so kann er sich durch diese Beobachtung *(specula)* vom Geglaubten zum vernunfthaft Erwiesenen erheben. Diese Überlegung *(speculatio)* allein genügt, um die Mehrheit der Personen zu erhellen, sogar die ganze Dreifaltigkeit hinreichend zu bestätigen.

Auch schließt sie jede Möglichkeit einer Quaternität aus. Dem an die wahre Gottheit Glaubenden und sie wahrhaft Bekennenden legt sie die Personvielheit so nahe, daß sie zugleich von der Einheit der Substanz überzeugt. Sie hebt die Eigentümlichkeiten der Personen heraus und stellt sie voll ins Licht. Recht befragt,

---

18 Bonaventura bemerkt dazu, daß der Ausdruck "geschuldete" Liebe zwar ihre rechte "Ordnung" betont, aber ihre Freiheit und Freigebigkeit nicht ausschließt: I Sent d 10 q 3.

verkündet sie durch deutliche Gründe, daß in Gott eine Person ist, die von keiner andern ihr Sein erhält, eine andere, die von einem einzigen und eine dritte, die von zweien ihren Ursprung hernimmt.

Der Leser bedenke, welchen Vorteil es bietet, mit einem einzigen Gedankengang, der einem vertraut und bei der Hand ist, jedem, der darüber *Rechenschaft fordert* (vgl. 1 Petr 3,15), solche ablegen zu können. Da aber das von uns Ausgeführte einen leichten Zugang zu solchen weiteren Überlegungen gebahnt hat, überlassen wir diese dem Eifer und dem Scharfsinn der Sucher.

Vollkommene Gleichheit der Personen

XXII.

Wenn wir aber sagten, eine Person habe die Fülle der ungeschuldeten, eine andere die der geschuldeten Liebe, so soll niemand daraus schließen, eine Person habe damit einen Vorteil gegenüber der andern oder sei oder existiere auf bessere und vollkommenere Weise.

In Gott gibt es keinen Unterschied nach Stufen, keine Verschiedenheit der Würde. Wenn es die Eigenheit der einen Person ist, die Fülle mitzuteilen und nicht zu empfangen, die einer andern, sie zu empfangen und nicht mitzuteilen, ist deshalb die eine besser oder würdiger als die andere? Jeder solche Verdacht ist gänzlich auszuschließen; er hat vielen eine Falle gestellt und sie in die verschiedensten Irrtümer abgleiten lassen. Wer nichts von dem, was er hat, von einem andern empfing, hat nichts Größeres, nichts Besseres als der, der nichts hat, was er nicht empfing. Jegliche Vollkommenheit, Güte und Seligkeit kommt dem zu, der nur verschenkt, aber in der gleichen Fülle auch dem, dessen Eigenheit es ist, alles empfangen zu haben.

Und wenn gesagt wird: die Fülle ungeschuldeter Liebe liegt im reinen Geben, die Fülle der geschuldeten im reinen Empfangen, soll das auch nicht so verstanden werden, als gehe in dieser differenzlosen Gleichrangigkeit ein Werk der Gnade und nicht vielmehr ein solches der Natur vor sich.

Freilich: die Abgründigkeit des Mysteriums ist so tief, daß ein Mensch kaum je oder gar nie die geeigneten Worte finden wird, es zu erklären. Keiner wundere oder ärgere sich, wenn ich, nach dem Beispiel der jungfräulichen Mutter, die empfangene Wahrheit bei ihrer Geburt in Windeln der Sprache einwickle, da ich über keine Seidengewänder der Darstellungskunst verfüge. Ist aber ein Gedanke erwiesenermaßen richtig, dann darf es dem klugen Leser überlassen werden, die rechten Worte, für die ich ihm höchst dankbar sein werde, als Ausdruck zu finden.

XXIII.

Echte und innige Liebe pflegt zu bewirken, daß auch Personen mit verschiedenem Sein ein Gleiches wollen und nicht wollen. Um wieviel größer wird die Identität des Wollens bei Personen sein, bei denen Wille und Sein identisch sind, die infolgedessen wie ein einziges Sein, so einen einzigen Willen haben. Alle Personen der Dreieinigkeit haben nur einen Willen, nur eine Liebe, nur eine ununterschiedene Güte.

Somit gibt es, was die Substanz der Liebe betrifft, in allen Personen eine einzige Liebe. Und weil diese in allen einzig und unübertrefflich ist, kann sie in keiner Person größer und besser sein als in einer andern. Wenn in allen in jeder Hinsicht der gleiche Wille ist, liebt jeder den andern wie sich selbst, sosehr als sich selbst. Ist das der Fall, dann gönnt jeder alles, was dort mitgeteilt werden kann, jedem der andern, will das Mitteilbare nicht mit mehr Eifer für sich als für die andern, will es nicht lauer für die andern als für sich.

Eine solche Liebe wird so trefflich sein, daß sie nicht besser, so umfassend sein, daß sie nicht größer sein kann. Und diese Liebe wird der Substanz nach in allen eine und dieselbe sein, und doch auf wundersame Weise durch die Unterscheidung der Eigentümlichkeiten in jeder Person verschieden. Sie wird, nach unserer obigen Ausführung, im einen nur ungeschuldet, im andern nur geschuldet, im dritten zum einen hin geschuldet, zum andern hin ungeschuldet sein. Nach menschlichem Empfinden nennen wir ja eine Liebe dann ungeschuldet, wenn sie nichts empfängt und alles schenkt, geschuldet eine solche, die nichts [ungeschuldet] dem schenkt, von dem sie alles empfing.

So kann man die Woge der Gottheit, geschwellt von der höchsten Liebe im einen bezeichnen als sich nur ergießend und nicht beströmend, im zweiten als sowohl sich ergießend wie beströmend, im dritten als sich nicht ergießend, sondern nur beströmend, obschon sie dabei in allen eine einzige Woge bleibt, und in allen eine einzige Wahrheit, auch wenn es vielerlei Ausdrücke für sie gibt[19].

XXIV.

Indem man aber menschliches Maß an die Gottpersonen anlegt, könnte man nun doch versucht sein, jener Person höhere Würde und Vortrefflichkeit zuzulegen, die alles, was sie hat, aus sich selber bezieht. Und doch sei

19 Das Bild von der Woge ist offensichtlich Schöpfung Richards, obschon wohl angeregt von Bildern der Väter von Quelle, Brunnen, Strom (Gregor von Nazianz, 5. Theol. Rede, 5,31; PG 36, 169), Quelle, Strom, Meer (Johannes Damascenus, Über die Häres.; PG 94, 780) oder Quelle, Fluß, See (Anselm, De proc. Sancti Spir. 16–17; PL 158, 309–311).

es fern von uns, einen Abstand an Würde einzuführen, wo wahrhaft und zweifellos höchste Gleichheit besteht. Wer das noch nicht begriffen hätte, könnte sein Denken mit einer neuen Erwägung richtigstellen.

Er soll also wissen, daß, wie schon gesagt, jede Person alles in Gott Mitteilbare gleichsehr für den andern liebt wie für sich selbst, daß sie aber auch umgekehrt das ihr Eigentümliche und nicht Mitteilbare mehr für sich selbst liebt als für den andern. Jede Person ist, sofern alles allen gemeinsam ist, die gleiche Substanz wie die andern, sofern sie aber Eigentümliches, Unveräußerliches ist, hat sie als Einzelperson ihr besonderes, von den andern unterschiedenes Sein. Würde aber jede Person das ihr Eigentümliche mehr für den andern als für sich selber lieben, was wäre dies und was würde dies anzeigen? Daß sie die Person, die sie ist, lieber nicht wäre und lieber die Person wäre, die sie nicht ist. Aber niemand wird so unsinnig sein, etwas derartiges annehmen oder geduldig anhören zu wollen[20].

Ja, die Person mit der Eigenschaft, der ihr einen Vorrang an Würde zusprechen möchtet, will diese Eigenschaft gewiß lieber für sich als für die andern, und die übrigen wollen sie ebenso gewiß auch lieber für sie als für sich. Werden wir daraus folgern, daß jene mehr selbstlose Gesinnung äußern, die die Eigenschaft, die ihr als Vorrang der Würde ansteht, lieber der andern Person gönnen als sich selbst, und so großzügiger sind als der, der sie lieber für sich als für die andern hat? Doch wenn sie die Großzügigeren wären, warum wären sie dann nicht auch die Würdigeren?

Du wendest vielleicht ein: Es ist doch viel glorreicher, die Fülle selber zu haben und zu verschenken, als

---

20 Hier zeigt sich, daß die selbstloseste Liebe die liebenden Personen nicht aufheben kann, daß Hingabe ohne Selbstbejahung die Liebe zerstören würde.

sie bloß zu haben, ohne sie zu verschenken. Aber wieder urteilst du damit rein menschlich und schreibst zwei Personen einen Vorrang an Herrlichkeit gegenüber der dritten zu. Ich antworte wieder, daß die dritte Person der Dreifaltigkeit diese Eigenschaft, die du als Vorrang ansiehst, lieber den andern zudenkt als sich, während die beiden andern sie lieber für sich haben als für den dritten. Sollen wir also abermals folgern, daß die dritte gütiger ist als die beiden andern und eben damit auch herrlicher?

Du siehst: solange wir nach menschlichem Urteilen vorangehen, erscheint jede Person in Gott sowohl gütiger wie weniger gütig als die andern, und damit sowohl würdiger wie weniger würdig. Wie zeigt doch diese falsche Ansicht ihren innern Widerspruch her! Wir müssen also solche Träumereien aus unseren Herzen verbannen und das, was wir mit dem Verstand noch nicht fassen können, fest glauben. Es ist gewiß und unzweifelhaft, daß in der Dreifaltigkeit, was die integrale Vollkommenheit angeht, keinerlei Unterschied in der Liebe oder in der Würde besteht.

Zusammenfassung

XXV.

Fassen wir kurz zusammen, was unsere Überlegungen in diesem Buch ergeben haben.

Allen göttlichen Personen gemeinsam ist, daß sie die ganze Fülle besitzen. Nur zweien gemeinsam ist, die ganze Fülle mitzuteilen. Nur zweien, die Fülle zu empfangen. Zweien ist gemeinsam, nicht zwei Eigentümlichkeiten zu besitzen: die Eigenheit der einen ist, nur zu geben, die der andern, nur zu empfangen. Die der dritten liegt sowohl im Empfangen wie im Geben. Nur zweien ist gemeinsam, daß eine Person von ihnen ausgeht. Nur zweien ist gemeinsam, daß sie von anderswoher ausgehen. Nur zweien ist gemeinsam, diese doppelte Eigenschaft nicht zu haben. Denn: die eine hat die Eigenheit, nur Ursprung zu sein, die andere hat die Eigenheit, nur entsprungen zu sein, die Eigenheit der dritten ist, sowohl von einer andern hervorzugehen als einen aus ihr Hervorgehenden zu haben. Nur eine Person hat die Eigenheit, aus keiner hervorzugehen. Eine andere hat die Eigenheit, nur aus einer einzigen hervorzugehen, eine dritte hat die Eigenheit, aus zweien hervorzugehen. Aber nur eine ist, aus der keine andere ist, eine, aus der nur eine ist, und eine, aus der zwei sind.

Da es aber zwei Personen gemein ist, nicht aus sich zu sein, sondern anderswoher hervorzugehen, bleibt noch übrig, mit großer Aufmerksamkeit zu untersuchen, worin der Hervorgang der einen sich vom Hervorgang der andern unterscheidet. Wenn einmal der Unterschied ihres beidseitigen Verhaltens gefunden ist, wird man als letztes ihnen, den darin liegenden Ähnlichkeiten entsprechend, die eigentlichen Namen beilegen.

Ich hatte mir vorgenommen, meine Meinung darüber bekanntzugeben, aber weil diese Fragen tief und verborgen sind, wird es wohl besser sein, sie größeren Geistern zur genaueren Erforschung zu überlassen, so wie ich auch gern dem Urteil anderer anheimstelle, was ich durch das Ausgeführte an Beifall oder Mißfallen verdient habe[21].

---

21 Richard scheint hier einen Schlußpunkt zu setzen. So dürfte das 6. Buch, das ohne Zweifel ebenfalls von ihm stammt, später nachgetragen worden sein.

VI. BUCH
DIE NAMEN DER PERSONEN

I.

Zwei Personen, sagten wir, haben das Gemeinsame, daß sie nicht aus sich selbst, sondern anderswoher hervorgehen. So bleibt übrig zu untersuchen, ob die Weise des Hervorgehens in beiden dieselbe ist oder eine verschiedene. Eine umgrenzte Frage, aber eine sehr tiefe, die der Untersuchung sehr würdig ist. Und ich meine, daß manches bereits Gesagte nicht unerheblich dazu beiträgt, sie zu klären. Weil aber *Gottes Sichtbares* gemäß dem Apostel *durch das Geschaffene hindurch verstanden und betrachtet wird* (Röm 1,20), kann man dort, wo etwas Abgründiges im Bereich des Göttlichen gefragt wird, mit Recht auf jene Natur zurückgreifen, in der durch Gottes Wirken sein Bild nachgezeichnet erscheint. Es ist allbekannt, daß der Mensch *nach Gottes Bild und Gleichnis* (Gen 1,26) geschaffen ist, und obschon die Unähnlichkeit zwischen Gott und Geschöpf unvergleichlich reichlicher ist als die Ähnlichkeit, gibt es trotzdem zwischen der menschlichen und der göttlichen Natur eine gewisse, ja sogar eine erhebliche Ähnlichkeit[1]; wir können daher, meine ich, in diesem Spiegel des Abbilds Gottes erahnen und sogar mit der geistigen Urteilskraft ersehen, was in Gott aufgrund der Ähnlichkeit angenommen werden muß, was dagegen aufgrund der Unähnlichkeit auszuschließen ist.

Wir stellen, was die Entstehung der menschlichen Person angeht, fest, daß das Hervorgehen einer Person aus der andern nicht überall gleich vor sich geht. Den-

---

1 Wie alle Autoren des 12. Jahrhunderts sucht Richard die (später sogenannte) Analogie zwischen Schöpfer und Geschöpf so umfassend wie möglich auszudrücken: auf der einen Seite unterstreicht er (wie das 4. Laterankonzil DS 806) die "unvergleichlich größere Unähnlichkeit", bei der andern hebt er, nach Zitierung von Gen 1,26, die "gewisse, ja sogar erhebliche (multa) Ähnlichkeit" hervor.

ken wir an den Ursprung unseres Geschlechts zurück, dann sehen wir beim Urvater, daß der Hervorgang seines Weibes ein ganz anderer war als die Erzeugung seiner Nachkommenschaft. Jene war übernatürlich, diese natürlich, jene erfolgte nach dem Wirken reiner schöpferischer Gnade[2], diese nach der Wirkweise der Natur. In der göttlichen Natur kann nichts aus bloßer Gnade gewirkt sein. Denn was aus einem bloßen Gnadenwirken erfolgt, das kann je nach Willen des Handelnden entweder geschehen oder nicht geschehen. So etwas aber ist in Gott ausgeschlossen; er wäre sonst veränderlich und nicht wirklich ewig. Nichts in seinem Wesen beruht auf einem reinen Schenken der Gnade, alles ereignet sich vielmehr gemäß dem Erfordernis, das der Natur eigen ist. Wie es der ungeborenen Person naturhaft eignet, aus keiner andern hervorzugehen, so eignet es ihr naturhaft, einen aus ihr Hervorgehenden zu haben.

Hervorgänge und Verwandtschaften beim Menschen

II.

So gilt es, die natürliche Entstehungsart bei den Menschen genauer zu erwägen, und zu fragen, ob es bei Gott etwas Analoges geben kann. Und ist ein solches gefunden und erkannt, so können nach dem Verfahren der Theologie aufgrund der Ähnlichkeit die Namen vom Menschen auf Gott übertragen werden.

Bei der Menschennatur kann man, wie früher schon gesagt, eine nur unmittelbare, eine nur mittelbare, und eine zugleich mittelbare und unmittelbare Weise der

---

2 Gnade (wie oben Buch 2, VIII) im uneigentlichen Sinn von freier Schöpfung im Gegensatz zu einem notwendigen Naturprozeß. Daß die innergöttlichen Hervorgänge nicht (wie die Arianer behaupten) auf einem freien Entschluß des Vaters beruhen, haben die Väter bereits hervorgehoben (Athanasius, C. Arian. 3, 61; PG 26, 452).

Hervorbringung und des Hervorgangs einer Person aus der andern unterscheiden. Unmittelbar geht das Kind aus seinen beiden Eltern hervor, denn keine andere Person tritt vermittelnd dazwischen. Einen mittelbaren Hervorgang hat der Enkel in bezug auf seinen Großvater, nämlich durch Vermittlung von dessen Sohn. Ein zugleich mittelbarer und unmittelbarer findet statt, wenn der gleiche Mensch einem andern gegenüber zugleich Sohn und Enkel ist.

Beim Menschen ist die mittelbare Verwandtschaft vielfältig, was bei Gott ausgeschlossen ist. Die verschiedenen Grade und Arten der Verwandtschaft unter Menschen bedingen denn auch verschiedene Namen und Bezeichnungen. Anders ist einer mit seinem Sohn, anders mit seinem Enkel verwandt. Das sei nur als Beispiel für vieles andere genommen. Aber in dieser ganzen Mannigfaltigkeit der Versippung behält doch das Verhältnis zwischen Eltern und Kind die vornehmste Stelle. Gäbe es in der Menschennatur dieses nicht, so wären alle übrigen nicht vorhanden; und auch wenn alle übrigen fehlen, kann es immer doch dieses geben.

Wenn ein Einzelner viele Kinder hat, werden sie alle unter dem gleichen Gesichtspunkt so benannt. Wenn es aber vorkommt, daß ein und derselbe Mensch der Sohn und der Enkel eines andern ist, so erfolgt die Benennung unter ganz verschiedenem Gesichtspunkt.

Anzumerken ist, daß Eva unmittelbar aus Adams Substanz hervorging, aber, wie gesagt, nicht durch Naturtätigkeit. Deshalb wird sie nicht Tochter Adams genannt, und dieser ist nicht ihr Erzeuger. Wo aber eine Person aus der Substanz einer andern nach dem gewöhnlichen Vorgang der Natur erzeugt wird, da sprechen wir gewohnheitsgemäß schlicht von Erzeuger und Sprößling.

Weil wir denn, nach dem Vorbild der Heiligen Schrift,

Namen menschlicher Verwandtschaft aufgrund der Ähnlichkeit des Verhältnisses auf Gott übertragen, können wir nicht unangemessen sagen, daß das Verwandtschaftsverhältnis zwischen dem Ungeborenen und dem zuerst aus ihm Hervorgehenden analog ist dem zwischen dem Erzeuger und seinem Sprößling. Denn dieser Hervorgang einer Person aus einer andern ist durchaus unmittelbar und erfolgt nach dem Hauptmodus naturhaften Hervorgehens. Dies alles ist vom früher Gesagten her hinlänglich klar und bedarf keiner weiteren Ausführung.

Vaterschaft und Sohnschaft bei Gott und beim Menschen

III.

Daß die Weise des Hervorbringens von Nachkommenschaft je nach den Naturen verschieden ist, weiß jedermann. Wollen wir aber die Weise des Hervorbringens erkennen, die der göttlichen überragenden und übervollkommenen Natur ausschließlich eignet, so sollten wir an die Güte, Weisheit, Macht des Ungeborenen denken, dann finden wir vielleicht rasch, was wir suchen[3]. Sicher kann, wer eine höchst weise Güte besitzt, gar nichts wollen — zumal nicht, wenn es die Gottheit selbst betrifft —, was nicht einem innersten und höchsten Beweggrund entspricht. Und wenn er wahrhaft allmächtig ist, wird sich alles verwirklichen, was in seinem Willen liegt. Denn könnte er nicht aufgrund bloßen Wollens das Gewünschte erlangen, wie könnte man ihn dann wahrhaft allmächtig nennen? Aus sich einen Gleichwesentlichen und Gleichwertigen hervorbringen, weil höchste Beweggründe es fordern, heißt für ihn dasselbe

3 Rückkehr zum Hauptthema der Liebe (vgl. oben Buch 3, XVI).

wie dies unabänderlich wollen. Für ihn heißt demnach: einen Sprößling hervorbringen: in eben diesem sein vollkommenes Wohlgefallen finden.

In der Menschennatur sind zwei Geschlechter und je nach dem Geschlecht ändern sich die Verwandtschaftsbezeichnungen: die erzeugende Person heißt im einen Geschlecht Vater, im andern Mutter, die erzeugte Sohn oder Tochter. Daß in Gott keinerlei Geschlecht ist, ist allbekannt. So war es angemessen, daß man die Bezeichnung des als würdiger erachteten Geschlechts auf das allerwürdigste Wesen übertrug. So siehst du, daß sich der Brauch rechtfertigt, einen der beiden in der Dreifaltigkeit Vater, den andern Sohn zu nennen. Um aber nichts unerörtert zu lassen, was einen schwächeren Leser beunruhigen könnte, wollen wir die Frage der Namensübertragung noch etwas genauer besprechen. Man könnte sich wundern, warum gewisse Namen auf Gott übertragen werden aufgrund einer bloßen Ähnlichkeit, und nicht eher aufgrund dessen, daß die Verhaltensweisen wenigstens teilweise übereinstimmen. Bei der Menschennatur geht ja nie ein Sohn naturhaft aus dem Vater allein hervor. Und ein einziger Mensch im Geschlecht der Menschen ging aus der bloßen Mutter ohne fleischlichen Vater hervor, wenn auch nicht ohne Wirken der Natur. Wenn es also schon unangemessen erscheint, die Bezeichnungen der Verwandtschaft auf das Göttliche zu übertragen, wo bloß entfernte Ähnlichkeit waltet, wiesehr dann erst, wenn dabei keinerlei übereinstimmende Proportionalität herrscht?

So sei denn vor allem bemerkt: wenn in Gott der mit Recht Sohn genannt wird, der aus einem Einzigen hervorgeht, wenn mit Recht der Vater heißt, von dem her als einzigem jener ausgeht, dann sagen uns diese Worte unzweifelhaft, daß die grundlegende Form der Verwandtschaft in Gott so rein ausgeprägt ist, wie es

in unserer Natur gar nicht möglich ist. Aus diesen Bezeichnungen lernt deshalb unser fleischlicher Geist,
nichts Fleischliches in das göttliche Erzeugungsverhält-
nis hineinzutragen, sondern im Herzen zu höherem
Verständnis aufzusteigen, und von einem so abgründigen Verhältnis nichts vermessentlich nach Menschenart
zu denken.

V.

Es genügt übrigens auf oben schon Erhärtetes zurückzu-
greifen, um die Frage befriedigend zu lösen. Wir fanden,
daß es für den Ungeborenen dasselbe ist: aus höchstem
Beweggrund einen Sohn zu wollen und ihn auch hervorzubringen. Angenommen, der Urvater Adam hätte
es naturhaft in seiner Macht gehabt, nach seinem Willen und aus sich allein ein Wesen gleicher Natur, ihm
völlig ähnlich, hervorzubringen, dann wären beide gewiß durch ursprünglichste Verwandtschaft verbunden
gewesen, und man dürfte auf sie die Bezeichnungen dieser Verwandtschaft anwenden: Vater und Sohn. Denn
wären sie einander in allem ähnlich, so wären sie auch
gleichen Geschlechts.

Diese Überlegung zeigt uns mit Evidenz, wie in der
Dreifaltigkeit der eine Vater des andern, der zweite
Sohn des ersten genannt wird. So liegt im Abgrund dieses Mysteriums ein Widerschein unserer Gottebenbild-
lichkeit, und die Betrachtung unserer Armseligkeit
zeigt in der Unähnlichkeit doch eine gewisse Ähnlichkeit, wenn auch keine Ähnlichkeit ohne Unähnlichkeit.
Unähnlichkeit gewiß, da ja in unserer Natur kein Sohn
aus dem Vater allein hervorgehen kann, Ähnlichkeit
aber doch, denn falls das geschehen könnte und sich
verwirklichte, die gleichen Bezeichnungen Vater und
Sohn wie jetzt angewendet werden könnten, um eine
entsprechende Verwandtschaft auszudrücken. So ver-

stehen wir durch innerlich einsichtige Gründe, warum die beiden göttlichen Personen Vater und Sohn genannt werden: Vater der, der aus keinem hervorgeht, Sohn der, der aus jenem allein entspringt.

Unterschied zwischen den beiden Hervorgängen

VI.

Damit ist die Verwandtschaft zweier Personen erkannt; nun bleibt die Frage, wie die Verwandtschaft dieser beiden zur dritten aufgefaßt werden muß. Man wird vielleicht die Meinung vorbringen, daß er ihrer beider Sohn genannt werden sollte, da er aus beiden unmittelbar hervorgeht. Aber wenn er der Sohn des Sohnes wäre, wie könnte dann der Ungeborene zugleich sein Vater und sein Großvater sein, und er selbst wäre zugleich dessen Enkel und Sohn? Man muß dies um so sorgfältiger untersuchen, je verborgener es ist und durch das bisher Ausgeführte noch ungeklärt bleibt[4].

Eines steht sicher fest: daß die beiden nachfolgenden Personen der ersten entstammen. So muß als erstes nach der Absicht des Hervorbringers und der in ihr liegenden Unterscheidung der beiden Hervorbringungen gefragt werden. Obschon beide aus dem väterlichen Wollen hervorgehen, kann doch jeweils ein verschiedener Beweggrund vorliegen. Denken wir an das früher Gefundene zurück, so brauchen wir uns vielleicht nicht lange zu bemühen.

Klare Gründe zeigten uns damals, daß der Ungeborene einen Gleichwertigen wollte und deshalb auch bekam, um einen zu haben, dem er die höchste Liebe zuwenden konnte und der ihm die höchste Liebe zurück-

---

4 Wegen solcher Probleme verzichtet Augustinus auf Vergleiche aus dem Bereich menschlicher Verwandtschaft: De Trin. XII, 4, 5 (PL 42, 1000).

erstattete. Er wollte aber außerdem einen Mitgeliebten haben und bekam ihn deshalb auch, um einen Mitgenossen der Liebe zu besitzen und sich so selber nicht das geringste vorzubehalten, was auch noch in die Liebesgemeinsamkeit übergeführt werden könnte. Einen Gleichrangigen also wollte er, um ihm die Schätze seiner Größe mitzuteilen; einen Mitgeliebten dagegen, um ihm die Entzückungen der Liebe mitzuteilen[5]. Die Kommunion der Majestät war also gleichsam der Ursprungsgrund des einen, die Kommunion der Liebe gleichsam der Ursprungsgrund des andern. Obschon also beide Personen aus dem väterlichen Wollen hervorgehen, bestehen für beide doch verschiedene Beweggründe.

Ordnung der beiden Hervorgänge

VII.

Es besteht aber allerwegen ein großer Unterschied zwischen dem Willen zu einem Mitwürdigen und dem zu einem Mitgeliebten. Erwägen wir zunächst einmal deren Reihenfolge. Früher und Später steht hier natürlich nicht im Sinne zeitlicher Abfolge, sondern der Wesensordnung. Der Wunsch nach einem Mitwürdigen geht auf einen, den man innigst lieben kann, und der wegen der Würde seiner Mitgleichheit auch rechtens so geliebt werden muß. Der Wunsch nach einem Mitgeliebten dagegen geht auf einen, der ebensosehr geliebt wird, wie man von seinem Freunde geliebt wird, und der mit einem zusammen die Freuden der Liebe genießt, die man geschenkt erhält. Das erste kann aufgrund einer bloßen Zweiheit der Personen bestehen, das letztere aber keinesfalls ohne deren Dreiheit. Der Wesensordnung nach

5 Vgl. oben Buch 3, II, VII, XI.

aber kommt die Zweiheit vor der Dreiheit: wo Dreiheit ist, kann die Zweiheit nicht fehlen, umgekehrt kann Zweiheit ohne Dreiheit bestehen. So steht fest: der Geliebte kommt wesenhaft an erster, der Mitgeliebte an zweiter Stelle. Ursprünglicher ist deshalb der Hervorgang dessen, für den der Beweggrund des Hervorbringens ursprünglicher ist. Die Ordnung der Hervorgänge wird aber auch die der Verwandtschaft bestimmen. Bei den Menschen ist der erste Verwandtschaftsgrad ohne Zweifel der von Vater zu Sohn, während der zum Enkel an zweiter, zum Urenkel an dritter Stelle steht usf. Diese verschiedenen Verwandtschaftsgrade sind in unserer Natur durch die verschiedene Weise des Hervorgehens bestimmt. Denn wo unter mehreren solche Verschiedenheit nicht waltet, ist der Verwandtschaftsgrad der gleiche. Ein Mensch kann viele Kinder haben; weil die Art des Hervorgehens dieselbe ist, ist er deshalb auch mit allen gleich verwandt. Nach Ähnlichkeit oder Unähnlichkeit der Art des Hervorgangs wandelt sich also die Art der Verwandtschaft.

Ganz klar ist nun, daß zwar beide göttlichen Personen vom Vater ausgehen, daß aber die Art des Hervorgangs verschieden ist. Deshalb ist auch die Verwandtschaft des Ungeborenen zu beiden verschieden.

Der Hervorgang der dritten Person ist nicht Sohnschaft

VIII.

Der ursprüngliche Hervorgang nach der Ordnung der Natur ist der aus dem Ungeborenen allein, und dieser Vorrang bedingt auch den der Verwandtschaft. Unter den Verwandtschaften aber ist die ursprünglichste die zwischen Vater und Sohn. So wird, wie gesagt, der mit Recht Sohn genannt, der in ursprünglichster Weise aus

dem Ungeborenen hervorgeht. Ist also die Verwandtschaft des Ungeborenen zum einen eine andere als die
zum andern, so kann, wenn der eine wahrhaft Sohn
genannt wird, der andere nicht wahrhaft Sohn genannt
werden. Es ist ja dasselbe, ob wir sagen: einer ist eines
andern Sohn, oder: er steht zu ihm im ersten Verwandtschaftsgrad. Der Dritte in der Dreifaltigkeit ist mit dem
Ungeborenen nicht in diesem ersten Verwandtschaftsgrad verbunden, kann deshalb auch nicht sein Sohn genannt werden.

Wir wissen aber hinlänglich, daß der Dritte in der
Dreifaltigkeit aus den beiden andern hervorgeht. Ist
er aber nicht der Sohn des einen, so ist er auch nicht
der des andern. Denn er geht auf die genau gleiche
Weise aus dem Vater und dem Sohn hervor. Ist doch
die Art des Hervorgangs von beiden her in jeder Hinsicht die gleiche. Weil das oben genügend gezeigt wurde, braucht es hier nicht wiederholt zu werden.

Ist der Dritte nicht der Sohn des Sohnes, dann wird
auch der Vater des Sohnes nicht sein Großvater sein,
und er nicht dessen Enkel. Nun aber gibt es bei den
Menschen zwischen der Vater-Sohn-Verwandtschaft
und der Großvater-Enkel-Verwandtschaft keinen mittleren Grad. Welches wird also die Verwandtschaft sein,
die Vater und Sohn mit dem Dritten in der Dreifaltigkeit verbindet?

Gewiß ist bei den Menschen jeder unmittelbare Hervorgang einer Person aus einer andern immer der ursprünglichste. Bei Gott aber ist es evidentermaßen
nicht so. Denn hier ist ein Hervorgang unmittelbar und
ursprünglich, und ein anderer ist unmittelbar und doch
nicht ursprünglich. Weil aber dieser letztere bei den
Menschen nicht vorkommt, gibt es keine mögliche
Übersetzung einer menschlichen Gemeinschaftsbezeich-
nung auf Gott. Du siehst: um die Verwandtschaft von

Vater und Sohn zu der aus beiden hervorgehenden Person auszudrücken, versagt die Alltagssprache durchaus.

Der Name der dritten Person

IX.

Wenn wir also dem Dritten keine Bezeichnung unserer Verwandtschaft zueignen konnten, so wird der, den die Heilige Schrift den Hauch Gottes oder den Heiligen Geist nennt, doch nicht ohne jeden Ähnlichkeitsgrund so genannt. Hauch besagt etwas, was aus dem Menschen ausgeht und ohne das er nicht zu leben vermag. Wäre das aber die ganze Ähnlichkeit, die es uns erlaubte, den Gemeinten als Geist-Hauch Gottes zu bezeichnen, so schiene der Ausdruck allzu entfernte Beziehungen zu ihm zu haben. Denn der Hauch, der aus dem Menschen ausgeht, ist nicht gleicher Substanz wie er. Dagegen ist der Geisthauch Gottes mit dem, von dem er ausgeht, ganz gewiß gleicher Substanz und in jeder Beziehung gleichwertig. Und doch: Weshalb soll der nicht Hauch des Vaters und des Sohnes heißen, der in der Heiligen Schrift auch Finger Gottes genannt wird? Denn in diesem Ausdruck tritt die Gleichwertigkeit gar nicht zutage, es wird nur gleichnishaft auf seine Eigentümlichkeit angespielt. Wir strecken den Finger aus, wenn wir jemandes Blick auf etwas hinlenken wollen. Wenn also Gott jemandem innere und verborgene Geheimnisse seiner Weisheit durch das einstrahlende Licht seines Geistes offenbart, dann zeigt er gleichsam mit seinem Finger auf das hin, was gesehen werden soll. Denn Vater und Sohn, die der untrennbare eine Gott sind, belehren uns durch die Einhauchung ihres Geistes über alle Dinge. Und hat uns der Lehrmeister der Wahrheit nicht wie durch ein Gleichnis gelehrt, daß der Heilige

Geist der göttliche Hauch sei, als er, den Jüngern erscheinend, sie anhauchte und sprach: *Empfanget den Heiligen Geist* (Joh 20,22–23)? Wir sagten bereits: der Hauch geht vom Menschen aus und ohne ihn kann der Mensch nicht am Leben sein. Sofern also der Heilige Geist als Hauch Gottes bezeichnet wird, wird ein ewiger Hervorgang aus dem Ewigen angedeutet. Mehr noch: eben dadurch, daß er ewig aus Gott ausgeht, wird angedeutet, daß er gleichen Wesens wie Gott ist, weil keiner aus Gott ausgehen und Ewigkeit haben kann, der nicht selber Gott wäre. Wie aber damit, daß er Hauch oder Odem Gottes genannt wird, eine ihn bestimmende Eigentümlichkeit ausgedrückt wird, das soll nun ausführlicher gezeigt werden.

X.

Zu tieferem Nachdenken sind wir durch das große Geheimnis aufgerufen, daß der aus zweien Hervorgehende Heiliger Geist genannt wird. Denn Geist ist auch der Vater und Geist auch der Sohn, wie wir aus dem Evangeliumswort wissen: *Gott ist Geist* (Joh 4,24). Und heilig ist auch der Vater, und zweifellos auch der Sohn; beide Aussagen lassen sich in aller Wahrheit von beiden machen. Wie kann also der Geist gleichsam das als Eigennamen zugesprochen erhalten, was ihnen allen gemeinsam ist?[6] Solches Zusprechen hat doch unbedingt den Sinn, eine seiner Eigentümlichkeiten auszudrücken. Aber wenn schon der körperliche Hauch, der aus dem menschlichen Körper hervorgeht, vergleichbar ist mit dieser göttlichen Eigentümlichkeit, wie sollte der Geisthauch, der aus dem menschlichen Geist hervorgeht, ihm nicht noch ähnlicher sein? Was aber ist das, dieser Odem, der aus dem menschlichen Herzen herausatmet,

---

6 Dieselbe Fragestellung schon bei Augustin, De Trin. V, 11, 12 (PL 42, 918–919); XV, 19, 27 (ebd. 1086–1087).

bei den einen linder, bei den andern heftiger, und der bei diesen lauer, bei jenen flammender brennt? Es ist zärtliche Leidenschaft der Seele, der Drang der lodernden Liebe. Deshalb sagt man von solchen, die ein Einziges wollen und anstreben, die gleich fühlen, gleich empfinden, gleiches ersehnen: sie seien eines Geistes, sie gingen im gleichen Geist voran. Und dieser geisthafte Odem ist dann wahrhaft heilig und kann als heilig bezeichnet werden, wenn Gottesfurcht ihn beseelt und wenn er sich nach der Wahrheit bewegt. Ohne einen solchen beseelenden Geist ist kein Geist heilig, weder der Geist des Menschen, noch der Geist des Engels. Menschlicher Geist beginnt dann heilig zu sein, wenn er zu lieben beginnt, was im Sinn Gottes liegt, und er das Gottlose haßt und verabscheut. Und wenn diese gottgemäße Gesinnung, dieser Geist weht, dann macht er aus vielen Herzen in vielen ein einziges Herz und eine einzige Seele.

Nach dem Gleichnis dieses Geistes also, der aus vielen Herzen atmet und hervorgeht, wird der Heilige Geist benannt, der in der Dreifaltigkeit der Personen aus zweien hervorgeht. Nur ein Wahnsinniger könnte daran zweifeln, daß Vater und Sohn von derselben herzlichen Zuneigung und wahrhaft einiger, identischer Liebe beseelt sind. Diese Liebe, die beiden gemeinsam ist, wird Heiliger Geist genannt, er wird von Vater und Sohn dem Herzen der Heiligen eingehaucht, durch ihn werden sie so geheiligt, daß sie Heilige zu sein verdienen. Wie der menschliche Odem das Leben der Leiber ist, so ist dieser göttliche Geist das Leben der Geister. Jener ist ein Leben, das sinnliches Fühlen gibt, dieser ist ein Leben, das Heiligkeit einflößt. So wird er zu Recht Heiliger Geisthauch genannt, weil kein Geist ohne sein Hauchen heilig wird. Er hat seinen Namen von der Sache her, aufgrund einer echten Ähnlichkeit.

Der Name Heiliger Geist wird also nur einem als Bezeichnung seiner Eigentümlichkeit beigelegt, obwohl er der Substanz nach allen drei Personen gemeinsam erscheint.

Man beachte nun: Es gibt gewisse Bezeichnungen der Eigentümlichkeiten, die durchaus nur einer Person eignen können. Nur einer kann Vater, nur einer Sohn heißen, wie oben genugsam gezeigt wurde. Und so kann auch nur der Sohn als Bild des Vaters bezeichnet werden, wie auch nur er Wort Gottes genannt werden kann. Freilich bezeugt der katholische Glaube und hat vielerlei Gründe dazu: "So wie der Vater ist, so ist auch der Sohn, so ist auch der Heilige Geist"[7]. Und gewiß sind beide dem Vater mit-ähnlich, in allem mit-gleich. Denkst du an die Weisheit, die Macht, die Güte, die Seligkeit, dann ist in keinem etwas größer oder geringer als im andern. Das ist über jeden Zweifel erhaben.

Wenn nun der Sohn Gottes richtig als Bild des Vaters bezeichnet wird, weil er in sich dessen Ähnlichkeit ausdrückt, warum wird dann der Heilige Geist nicht auch Bild des Vaters genannt, da er doch beiden ähnlich und mit-gleich ist?

Ich meine, der Knoten dieser Frage ist bald gelöst, wenn wir die Erwägung der Eigentümlichkeiten wiederaufgreifen. Gemeinsam ist allen, wie gesagt, die ganze Fülle zu besitzen. Gemeinsam ist dem Vater und dem Sohn, sie zu besitzen und zu verschenken. Eigentümlich aber ist dem Geist, sie zu besitzen, aber sie nicht zu verschenken. Hierin also trägt einzig der Sohn die Ähnlichkeit und das Bild des Vaters in sich ausgedrückt:

7 Symbolum Athanasianum.

wie die Fülle der Gottheit sich vom einen her ergießt, so ergießt sich der ganze Strom der Fülle auch vom andern her. Und nicht weniger und nicht anders empfängt der Heilige Geist vom einen als vom andern. Keine Person aber empfängt vom Heiligen Geist die Fülle der Gottheit; und deshalb drückt er in sich das Bild des Vaters nicht aus. Das ist der Grund, warum nur der Sohn Bild des Vaters genannt wird und nicht auch der Geist[8].

Für die einfacheren Gemüter wollen wir das gleiche nochmals eindrücklicher und irgendwie gröber sagen. Nach menschlichem Brauch redet man von Bild eher um einer äußeren Ähnlichkeit als um einer inneren willen. Eine Statue bezeichnen wir als Bild eines Menschen, das natürlich nur äußere Ähnlichkeit haben kann. Denkst du an das Innere der Statue, dann herrscht lauter Unähnlichkeit. Wenn wir deshalb nach menschlichem Brauch etwas über die Dreifaltigkeit aussagen wollen, dann wäre jeder Person gleichsam das innerlich, was sie an sich selbst hat, und gleichsam äußerlich wäre ihr Verhältnis zu einer andern. Das gleiche Verhältnis aber, das der Vater zum Heiligen Geist hat, das hat auch der Sohn. Sofern dieser dieses Verhältnis des Vaters durch sein eigenes Hinschenken der Fülle abzu-

8 In dieser Begründung für das Bildsein des Sohnes geht Richard eigene Wege, die sich aus seinen persönlichen Grundlegungen (in Buch 3 und 5) ergeben. Er knüpft nicht an die von Augustin begründete, von Thomas ausgebaute Lehre vom Ausgang des Sohnes "per modum cognitionis", des Geistes "per modum amoris" an, sondern verharrt bei den Formalitäten der Hervorgänge, sofern sie "gebende", "empfangende" oder "zugleich empfangende und gebende" Liebe sind. Der Sohn ist also Bild des Vaters, sofern er wie dieser den Geist hervorbringt, der Geist ist nicht Bild, weil er nur empfängt, nicht hervorbringt. Beide Hervorgänge stehen unter dem Gesetz der Liebe: "der Ungeborene" will einen gleichwürdigen Gegenstand der Liebe haben (communio honoris), beide wollen um der Vollkommenheit der Liebe willen einen Mitliebenden haben (communio amoris, 6, XVII). Entsprechend die Summa Halensis: I 1 61 memb 3, a 2; Bonaventura: I Sent q 31 p 2 a 1 q 2.

bilden scheint, wird mit Recht allein der Sohn Bild des Vaters genannt. Der Heilige Geist wird Bild weder des Vaters noch des Sohnes genannt, weil er im genannten Verhältnis keinem von beiden gleichförmig ist. Sieh, in diesen Abgründigkeiten der Geheimnisse, wo wir eine klare Schau nicht gewinnen können, tasten wir uns mit Hilfe von Vergleichen voran.

Noch eine Bemerkung: vielleicht wird der Heilige Geist auch deshalb so benannt, damit man, weil seine Eigenheit ist, nur zu empfangen und nicht zu geben, nicht auf den verkehrten Gedanken komme, seine Güte zu unterschätzen.

Einzig der Sohn ist Wort

XII.

Sucht man ferner nach dem Grund, weshalb nur der Sohn Gottes als Wort bezeichnet wird, so muß man wieder auf die Betrachtung der Eigentümlichkeiten zurückgreifen. Sagen wir zuerst, daß das ausgesprochene Wort die Gesinnung und die Weisheit des Redenden zu offenbaren pflegt. So wird der zu Recht Wort genannt, durch den der Vater, der Urquell der Weisheit, geoffenbart wird.

Darauf magst du einwenden, daß der Name des Vaters nicht allein durch den wahren Sohn (Joh 17. 1–6), sondern ebenso durch den Heiligen Geist offenbart wird, ist doch der Heilige Geist jene Salbung, die uns über alles belehrt (1 Joh 2,20), er ist es, der uns alles beibringt und eingibt, und uns in alle Wahrheit einführt (Joh 14.26). Wenn aus diesem Grund der Sohn Wort genannt wird, weshalb sollte der Heilige Geist nicht ebenso Wort heißen?

Sagen wir also weiter: das Wort wird allein vom Herzen geboren und offenbart nach außen hin die Meinung

des Sprechenden. So wird mit Recht der einzige Sprößling des einzigen Vaters Wort genannt, durch den dieser, der die ursprüngliche Weisheit ist, offenbar wird.
Insofern scheint aufgrund der Ähnlichkeit die Bezeichnung Wort nur dem Sohn zuzukommen.

Du wirst vielleicht abermals einwenden: Das Wort
des Herzens und das Wort der Lippen sind doch sehr
verschiedene Dinge; jenes entspringt dem Herzen und
ist im Innern verborgen, dieses geht durch den Mund
nach außen und pflegt die Gedanken des Herzens
kundzutun. Und keines von beiden besitzt beide Eigenschaften zugleich, sondern dieses die eine, jenes die
andere.

Ich erwidere: Wenn du genauer nachdenkst, ent-
deckst du, daß es das gleiche Wort ist, das im Herzen
empfangen und von der Stimme ausgedrückt wird. Die
Stimme ist ja nur ein Fahrzeug des Wortes oder, wenn
du lieber willst, dessen Gewand. Soll man sagen, der
Mensch sei ein anderer, wenn er angezogen, als wenn er
ausgezogen ist? Und hättest du das mit dem Mund aus-
gesagte Wort vorbringen können, wenn du es nicht zuerst durch den Gedanken im Herzen getragen hättest?
Und wenn das gesprochene Wort vom Hörer verstanden worden ist, beginnt dann nicht dasselbe Wort in
seinem Herzen zu leben, das vorher in dem deinigen
war? Und wenn er ein Ohr hätte für die Sprache des
Herzens, wie er eines für das Reden des Mundes hat,
dann bräuchte ihm ja gar nicht äußerlich zugeredet zu
werden. Hieraus verstehst du, meine ich, klar, daß das
Wort in Mund und Herz ein einziges ist; nur ist es im
Herzen klanglos, im Munde aber klangvoll. Es ist ja die
eine und selbe Wahrheit, die im Herzen empfangen, vom
Mund ausgesagt, durch das Gehör aufgenommen wird.
Sein Sein gewinnt das Wort allein aus dem Herzen,
seine Hörbarkeit aber aus Herz und Mund.

Da also das Wort nur aus dem Herzen hervorgeht, und da von ihm die Einsicht des Herzens kundgetan wird, wird aufgrund der Ähnlichkeit der Sohn des Vaters zu Recht Wort des Vaters genannt, durch das die väterliche Herrlichkeit kundgetan wird. Im Vater ist die Empfängnis der gesamten Wahrheit, in seinem Wort die Kundgabe der gesamten Wahrheit, im Heiligen Geist das Erhorchen der gesamten Wahrheit, wie im Evangelium über ihn gelesen wird: *Er wird nicht von sich selber reden, sondern alles, was er hört, wird er reden* (Joh 16,13). Der Vater kann nicht Wort genannt werden, da er von keinem andern her ist, auch der Geist nicht, der nicht von einem Einzigen herstammt, sondern allein der Sohn, der von dem einen Einzigen ist, dem Urquell aller geoffenbarten Wahrheit. Von diesem Wort sagt der Psalm: *Aus meinem Herzen stieß auf ein vorzügliches Wort* (Ps 42,2). Mit diesem Wort redet der Vater zum Heiligen Geist, mit ihm redet er zum geschaffenen Geist von Engel und Mensch. Das Sprechen aber ist, nach dem oben Gesagten, entweder innerlich oder äußerlich. Das Innerliche wird einzig vom Heiligen Geist aufgefaßt, das Äußerliche ist jenes, das der geschaffene Geist aufnimmt. Und wie bei uns das innere Sprechen ohne Mitwirkung des menschlichen Hauches erfolgt, das äußere dessen aber durchaus bedarf, so wird in der erhabenen Gottnatur das innere Sprechen vom Vater allein vollbracht, denn allein der Vater redet, allein der Geist hört zu; das äußere Reden aber wird auch durch den göttlichen Geisthauch vollbracht, das heißt durch den Heiligen Geist. So kann denn auch derselbe Geist einmal Hauch, einmal Odem, einmal Geist Gottes heißen, durch den Gottes Wort den englischen und menschlichen Geistern inspiriert wird.

Damit ist die Frage beantwortet, warum einer allein in der Dreifaltigkeit Geist Gottes genannt wird, und gleichzeitig die Frage, warum allein der Sohn Gottes Wort des Vaters genannt wird.

XIII.

Doch indem wir die eine Frage zu lösen suchten, sind wir auf eine weitere gestoßen. Wir sagten, Gottes Sohn werde Wort geheißen, weil er die Herrlichkeit des Vaters kundtut, in ihrer ganzen Erhabenheit und Größe. Aber wie der Sohn den Vater verherrlicht, so scheint auch der Vater durch seine Offenbarung den Sohn zu verherrlichen, nach jenem Wort des Sohnes an Petrus: *Selig bist du, Simon Bar Jona, weil nicht Fleisch und Blut dir das geoffenbart hat, sondern mein Vater, der im Himmel ist* (Mt 16,17). Achte aber darauf, ob nicht der Sohn seinen Vater gemäß einer Weise verherrlicht, nach welcher der Vater seinen Sohn nicht verherrlicht. Denn der Sohn stammt von seinem Vater, und nicht der Vater vom Sohn. So erscheint im Sohn die ganze herrliche Größe der väterlichen Eigentümlichkeit, der einen solchen und allerwegen ihm ewig gleichrangigen Sohn haben wollte und konnte. Von welcher Güte, welcher Zärtlichkeit, welcher Selbstlosigkeit war doch jener, der nicht das Geringste von den Reichtümern seiner Majestät für sich behielt, nichts haben wollte, was er nicht weiterverschenkte! Das ist die völlig einzigartige Weise, wie der Sohn seinen Vater verherrlicht.

Doch vielleicht erhebst du dagegen den Einwand, daß der Vater auf dieselbe Weise auch vom Heiligen Geist verherrlicht wird. Wie er den Sohn bei sich haben wollte, um einem die Schätze seiner Majestät mitzuteilen, so wollte er auch den Heiligen Geist eng mit sich verbunden haben, um ihm die Freuden seiner Liebe weiterzugeben. Beide Hervorgänge preisen die Glorie des Vaters, in beiden wird die väterliche Eigentümlichkeit ins Licht gestellt. Beachte aber, daß die Verherrlichung der erwähnten väterlichen Eigentümlichkeit, die dem Vater durch den Sohn zukommt, ihm mit keinem andern gemeinsam ist, denn der Sohn stammt aus dem Vater allein. Jene Verherrlichung dagegen, die im Heiligen Geist aufstrahlt, ist nicht Auslegung der Väterlichkeit, sie eignet auch nicht dem Vater allein, sondern ist ihm mit dem Sohn gemein. Denn der Heilige Geist stammt nicht aus dem Vater allein, sondern durchaus gleicherweise aus Vater und Sohn.

Richtig also wird der Sohn als Wort oder Zunge des Vaters bezeichnet, da in ihm allein, wie gesagt, die Glorie der Vaterschaft offenbar wird.

Der Heilige Geist ist Gabe

XIV.

Sorgfältig muß die Frage geprüft werden, aus welchem Grund der Heilige Geist Gabe Gottes genannt wird. Erwiesen wurde, daß im Vater die Fülle der ungeschuldeten Liebe ist, im Geist die Fülle der geschuldeten, im Sohn die Fülle der sowohl geschuldeten wie ungeschuldeten Liebe. In welchem Sinn das aufzufassen ist, habe ich dort genau ausgesprochen[9]. In der höchsteinfachen Gottnatur, in der keinerlei Zusammensetzung sein kann, ist sicherlich der Heilige Geist von seiner Liebe nicht zu unterscheiden. Was also ist die Schenkung oder Sendung des Heiligen Geistes anderes als die Eingießung der geschuldeten Liebe? Der Heilige Geist wird also dann einem Menschen von Gott her geschenkt, wenn dem menschlichen Geist die Gott geschuldete Liebe eingehaucht wird. Denn wenn dieser Geist in den geschaffenen Geist eingeht, entflammt er ihn mit der Gesinnung brennender Gottesliebe und verwandelt ihn gemäß sei-

9 Vgl. oben Buch 3, III; Buch 5, XVI.

ner Eigentümlichkeit, damit er seinem Schöpfer die Liebe erwidere, die er ihm schuldig ist.

Der Heilige Geist ist in Wahrheit göttliches Feuer. Alle Liebe ist Feuer, aber geistiges Feuer. Was das stoffliche Feuer mit dem Eisen tut, das bewirkt dieses göttliche Feuer im unreinen, kalten, harten Herzen. Wo es ihm eingesenkt wird, legt der Menschengeist allmählich alle Schwärze, Kälte und Starre ab und wird ganz nach dem Wesen dessen, der ihn in Brand setzt, verwandelt. Durch das Flammen des göttlichen Feuers wird er in Glut versetzt, beginnt zu brennen, wird verflüssigt in die Liebe Gottes hinein, nach dem Wort des Apostels: *Die Liebe Gottes ist ausgegossen in unsern Herzen durch den Heiligen Geist, der uns gegeben ist* (Röm 5,5).

Weshalb aber sagt er *durch den Heiligen Geist,* eher als durch den Vater und den Sohn? Doch wir wissen, daß der Vater sich keinem verdankt, deshalb auch keine geschuldete Liebe haben kann. Der Sohn dagegen hat, wie gesagt, sowohl ungeschuldete wie geschuldete Liebe. Deshalb können wir, was die Gottesliebe angeht, nicht der Eigentümlichkeit des Sohnes oder der des Vaters angeglichen werden, denn wir können nicht beide Arten der Liebe oder gar nur die ungeschuldete Gott gegenüber hegen[10]. Denn inwiefern könnte schon ein Geschöpf seinen Schöpfer ungeschuldet lieben, da es ihm doch all sein Sein verdankt?

Sofern wir also unserem Urheber die geschuldete Liebe erstatten, werden wir zweifellos der Eigentümlichkeit des Heiligen Geistes gleichgestaltet. Dazu wird dieser dem Menschen verliehen und ihm eingehaucht, damit er ihm soweit als möglich angeglichen werde. Gesendet aber wird diese Gabe oder gegeben wird diese Sendung gleichzeitig und ebenbürtig vom Vater wie

---

10 Stark anselmianische Formulierung: das Geschöpf schuldet dem Schöpfer alles, was es von ihm erhalten hat.

vom Sohn. Denn der Heilige Geist hat von beiden alles, was er hat. Sofern er von beiden sein ganzes Sein, Können und Wollen hat, sagt man mit Recht, daß jene ihn senden oder geben, von denen her er das Vermögen und den Willen hat, zu kommen und in uns zu wohnen.

Appropriation von Macht, Weisheit und Güte an die drei Personen

XV.

Ich möchte hier auf eine Frage zurückkommen, über die ich in einem andern Werk gehandelt habe: Warum wird in einer besonderen Weise die Macht dem Ungeborenen, die Weisheit dem Geborenen, die Güte dem Heiligen Geist zugesprochen?[11]

Was Macht, Weisheit, Güte oder selbstlose Liebe ist, das wissen wir gemeinhin alle, von täglicher Erfahrung belehrt. Und durch dies Allbekannte werden wir, meine ich, zur Erkenntnis der Dinge hin unterwiesen, die unsere Fassungskraft überragen. Denn in diesen dreien wird ein gewisser Umriß und ein Bild der Dreifaltigkeit ausgedrückt; eine Art Spiegel wird uns dargereicht, um das *Unsichtbare Gottes, begriffen in dem, was geschaffen wurde, anzuschauen* (Röm 1,20). [12] Das in dieser Dreiheit Enthaltene entspricht irgendwie dem, was in der Dreifaltigkeit ist: die Dreiheit der Dreiheit, das Ähnliche dem Ähnlichen, das Eigentümliche dem Eigen-

---

11 Anspielung auf Richards Werk De tribus appropriatis personis in Trinitate (PL 196, 991–994). Hier wird auch deutlich, daß der Geist, der gemäß der göttlichen Hervorgänge nur empfängt, aber nicht gibt, keines Egoismus verdächtigt werden kann. Er ist wesentlich Gabe, und zwar nicht erst als in die geschaffene Welt "gesendet". Diese "Sendung" als Gabe offenbart (nach Augustin, De Trin. V, 15; PL 42, 921) schon das Wesen (die "processio") des Geistes.

12 Die Trias Macht-Weisheit-Güte wird im 12. Jahrhundert vielfach beigezogen: als ein Inbegriff für alle göttlichen Werke (so Hugo von St.

tümlichen, das Einzelne dem Einzelnen. Wir erfahren, daß es vielerlei Macht geben kann, auch wo keine Weisheit ist oder sein kann. Ich rede nicht von den bloß stofflichen und von den nicht sinnlich fühlenden Wesen. In den belebten Wesen, den Tieren, besteht Macht zu hören, zu sehen; Macht zu gehen, zu essen und zu trinken usf.. Darin aber liegt noch keine Weisheit, die naturhaft diesen Wesen nicht eignen kann. Es gibt also vielerlei Mächtigkeit ohne Weisheit. Hingegen aber kann es dort keine Weisheit geben, wo keine Macht herrscht. Die Macht zu wissen ist gewiß eine Form der Macht. Somit ist es die Macht, die das Dasein der Weisheit ermöglicht, nicht umgekehrt.

Ebenso steht fest, daß jener Luzifer, *der sich am Morgen erhob* (Jes 14,12), viel Macht und viel Weisheit besaß, aber keinerlei guten Willen. Güte besteht im guten Wollen, was wäre Güte wenn nicht guter Wille? Zeuge ist also Luzifer, der in seiner Verkehrtheit Verhärtete, daß es vielerlei Macht und auch Weisheit geben kann, wo keine Spur von Güte mehr bleibt. Hingegen kann dort keine Güte walten, wo jede Weisheit oder Macht fehlt. Denn die Macht, gut zu wollen, ist eine bestimmte Macht, und es gehört zur Weisheit, zwischen Gut und Böse zu unterscheiden. Und ohne solche Unterscheidung weiß der Wille nicht, was er wählen soll. Willst du also Güte besitzen, mußt du das Gute zu wählen verstehen und es können; die Macht gibt das Vermögen, die Weisheit das Verstehen, ohne diese beiden

---

Victor, Gilbert de la Porrée, Abaelard, Lombardus), als Offenbarung der trinitarischen Personunterschiede (Robert v. Melun, Sent I, 2, 6; I, 3, 7), Lombardus (I Sent, d 3 c 1). Abaelard scheint darüber hinaus die Hervorgänge selbt mit der Trias gleichzusetzen (De unitate I, 3; Intr. ad Theol. I, 9; PL 178, 990), was ihm von Bernhard vorgeworfen wurde (Tr. de error. Abael. 3" PL 182, 1058f), vgl. die Verurteilung durch das Konzil von Sens, DS 734. Für Richard bleibt die Trias eine zulässige Analogie.

wird die Güte nicht Wirklichkeit. So erhält echte Güte ihr Sein sowohl von der Weisheit wie von der Macht her. In dieser Dreieinigkeit des Seins stammt allein die Macht nicht von einem andern her, die Weisheit stammt von der Macht allein her, die Güte von beiden zusammen her. So erkennst du, wie in dieser Dreieinigkeit des Seins die Eigentümlichkeiten jener höchsten und ewigen Dreifaltigkeit sich ausgedrückt finden. Dort ist die Person des Ungeborenen, die von keinem andern her ist, dort ist die Person des Geborenen, die allein vom Ungeborenen her ist, dort ist die Person des Heiligen Geistes, die sowohl vom Ungeborenen wie vom Geborenen her ist. Weil also in der Macht auf besondere Weise die Eigentümlichkeit des ungeborenen Vaters ausgedrückt erscheint, wird sie ihm aufgrund einer besondern Rücksicht mit Recht zugeschrieben. Und weil in der Weisheit die Eigentümlichkeit des Sohnes sich ausdrückt, wird auch diese entsprechend ihm zugeschrieben. Weil schließlich in der Güte die Eigentümlichkeit des Heiligen Geistes erscheint, wird ihm Güte in besonderer Weise zugeeignet. So gibt die Dreieinigkeit des Seins Anlaß, in ihr als einem möglichen Beispiel zu ersehen, wie wir verstehen sollen, was uns über die göttlichen Eigentümlichkeiten gelehrt wird.

Rechtfertigung der Ausdrücke "geboren" und "ungeboren"

XVI.

Weshalb der Vater der Ungeborene, der Sohn der Geborene heißt, ist sehr leicht zu verstehen und bedarf keiner mühsamen Darlegung.

Der Vater allein stammt von keinem andern, deshalb kann er in keiner Weise der Geborene heißen. Wäre er geboren, so hätte er sein Sein von einem andern erhalten. Mit Recht heißt also ungeboren, wer aus sich selber ist. Hätte er aber den Sohn nicht geboren, so dürfte er ebensowenig Vater genannt werden. Daß er den Sohn seit Ewigkeit hat, ist aus dem Gesagten klar. Der Sohn also, den er von Ewigkeit hatte, war von Ewigkeit her geboren und so sagten wir zu Recht, daß er von Ewigkeit her das Sein erhalten hat. Er heißt demnach der Geborene, und nicht nur der Geborene, sondern der Eingeborene. Denn in der Dreifaltigkeit ist nur ein einziger Sohn. Die Verwandtschaft, die der Vater zum Sohn hat, hat weder der Vater noch der Sohn zum Heiligen Geist. Wenn bei Menschen eine Person aus einer Person geboren wird, wird die eine Vater, die andere Sohn genannt. Zu Recht wird deshalb der Heilige Geist nicht geboren genannt, damit er nicht als ein Sohn betrachtet werde, was er nicht ist. Desgleichen wird er nicht ungeboren genannt, denn sonst würde von ihm, der nicht aus sich selber ist, gesagt, er sei aus sich selber.

Denn wir fassen den Ausdruck "Geborener" zuweilen im engern, zuweilen im weitern Sinn. In der Alltagssprache brauchen wir nicht die gleichen Verwandtschaftsnamen für jegliches, wovon wir sagen, es sei Erzeuger oder Erzeugtes. Wenn ein Mensch einen andern erzeugt, reden wir von Erzeuger und Sprößling, von Vater und Sohn, Hervorbringer und Hervorgebrachtem. Man sagt, der Baum habe einen Ast erzeugt, aber man nennt deshalb den Baum nicht Erzeuger, den Ast nicht seinen Sohn. Der Ast erzeugt eine Blüte und doch heißt jener nicht Vater, diese nicht Sohn. Ein Wurm wird von der Frucht erzeugt, und doch ist diese nicht Erzeuger, jener nicht sein Sprößling. Du siehst: nach der einen Redeweise ist der Wurm erzeugt, nach der andern ist er es nicht[13].

13 Die bekannte "generatio spontanea" der alten Biologie, noch bei Thomas.

Erzeugung im weitern Sinn ist als die Hervorbringung eines Existierenden aus einem Existierenden gemäß der Wirkung der Natur zu bezeichnen. Ein Hervorbringen, das nicht auf Naturwirkung beruht, kann nach dem Sprachgebrauch nicht als Erzeugung bezeichnet werden. Eva ist nicht gemäß Naturwirken aus Adam hervorgegangen, und so ist sie auch nicht von ihm geboren. Zudem lassen sich auf gewisse Naturwirkungen die erwähnten Verwandtschaftsbezeichnungen anwenden, auf andere nicht.

Da die Weise, wie der Heilige Geist hervorgebracht wird, die Bezeichnung Sohn nicht zuläßt, wird er zu Recht auch nicht als Erzeugter bezeichnet. Weil anderseits seine Hervorbringung nach der Natur erfolgt, durfte er nicht Ungezeugter heißen. Mit Recht wird er nicht Geborener genannt, damit man ihn nicht fälschlich für einen Sohn hält. Ebenso richtig wird er dennoch nicht Ungezeugter genannt, damit man ihm nicht die naturhafte Herkunft abspreche.

XVII.

Was die menschliche Natur angeht, besagt ein Wesen gleicher Substanz aus sich hervorbringen das gleiche wie: einen Sprößling erzeugen, einen Sohn gebären.

In der göttlichen Natur liegen, wenn man es recht überlegt, die Dinge ganz anders. Denn der Vater bringt sowohl den Sohn wie den Heiligen Geist aus sich hervor, und beide sind gleicher Substanz wie er. Und doch können nicht beide seine Söhne genannt werden, weil die Weise der Hervorbringung nicht dieselbe ist. Wären beide gleich, dann könnte nicht die eine der Wesensordnung nach früher sein als die andere. Daß dies aber so ist, hat eine oben angestellte Erörterung erwiesen[14].

14 Vgl. oben Kp. II, VII, VIII.

Wir wissen ebenfalls schon, daß in der Hervorbringung menschlicher Personen Vielfalt herrscht gemäß den unterschiedenen Verwandtschaftsgraden. Anders ist das Hervorgehen des Sohnes aus dem Vater, anders das des Enkels aus dem Großvater, des Urenkels aus dem Urgroßvater, und entsprechend in andern Fällen. Aber an erster Stelle steht und den Vorrang besitzt das Ausgehen des Sohnes vom Vater. Denn wo dieses nicht erfolgt, können alle übrigen Grade nicht stattfinden.

Übertragen werden menschliche Namen auf das Göttliche aufgrund von Ähnlichkeit, gemäß dem Wort des Apostels: *Das Unsichtbare Gottes wird durch das Geschaffene hindurch verstanden und angeschaut* (Röm 1,20). Auf der Grundlage der Ähnlichkeit also heißt: Gott erzeugt nichts anderes, als: Gott bringt einen Sohn hervor. Das heißt: der Erzeugende bringt nach der erstrangigen Art des Entstehenlassens hervor. Wir glauben — und die Vernunft bestätigt es uns —: der Vater erzeugt, und entsprechend wird der Sohn aus dem Vater geboren. Wir glauben: der Sohn geht durch Zeugung hervor, der Heilige Geist ohne Zeugung. Du fragst: Was heißt dies, daß Gott eine göttliche Person erzeugt? Die Antwort ist: Gott bringt eine sich wesensgleiche Person nach der erstrangigen Art des Entstehenlassens hervor. Du fragst: Was heißt es, daß der Sohn vom Vater geboren wird? Es heißt, daß er nach der erstrangigen Art des Entstehens hervorgeht. Gezeugtwerden ist dasselbe wie: beim Hervorgang der ersten Entstehensart entsprechen. Dagegen heißt ohne Erzeugung entstehen auf jeden Fall nicht nach dieser ersten Entstehungsart hervorgehen. Erzeugung, Geburt, Hervorgang sind durchaus gemäß der besonderen Würde der überragenden und übererhabenen Natur auszulegen. Fragst du, welches die Weise der Hervorbringung sei, dann antworten wir: die früher beschriebene: für den Erzeuger, der die Allmacht selbst ist, ist es gleichbedeutend mit: einen andern aus dem allergeordnetsten Beweggrund zu wollen und ihn hervorzubringen[15]. Dies aber aus erstrangigem Grund wollen, wird dasselbe sein wie erzeugen. Denn während beide Arten der Hervorbringung im Willen liegen, unterscheiden sie sich doch durch die Beweggründe; der Vorrang des Beweggrundes ist es, der den Vorrang der Weisen des Hervorbringens bestimmt.

Wollt ihr eine kurze Zusammenfassung dieser langen Ausführungen? Der Ungeborene will einen Gleichförmigen und Gleichwürdigen haben: das ist meiner Ansicht nach dasselbe wie den Sohn zeugen. Der Geborene und der Ungeborene wollen einen Mitgeliebten haben: das ist dasselbe wie den Heiligen Geist entstehen lassen. Im ersten liegt Kommunion der Würde, im zweiten Kommunion der Liebe[16].

Wir sprachen eben von einem Gleichförmigen. Der aufmerksame Leser soll sich fragen, ob es nicht damit zusammenhängt, daß deshalb, aufgrund einer Gleichförmigkeit der Eigentümlichkeiten, einzig der Sohn das Bild des Vaters trägt.

Einzig der Sohn ist Bild des Vaters

XVIII.

Die Armut menschlichen Redens zwingt uns, wie wir schon sagten, oft dazu, Worte in verschiedenem Sinn zu verwenden. Daher wird der Ausdruck erzeugen, wie bemerkt, oft weiter, oft enger gefaßt. Und was vom Erzeugen gilt, das gilt auch vom Hervorgehen. Das Wort hat mehr als einen Sinn. Im weiteren Sinn besagt Ge-

---

15 Vgl. oben Buch 6, III; Buch 3, II, XV.
16 Augustin verzichtete auf eine nähere Bestimmung des Unterschieds der Hervorgänge von Sohn und Geist (Contra Maximin. II, 14, 1; PL 42, 770).

borenwerden, daß ein Existierendes nach einer Naturtätigkeit aus einem Existierenden hervorgebracht wird. Nach diesem Sinn ist nur der Vater in der Dreifaltigkeit ungeboren, während der Heilige Geist ein Geborener ist.

Der Hervorgang eines Existierenden aus einem andern ist aber, je nach den Naturen, von sehr verschiedener Art. Nach der Würde der Natur erscheint jene Art die vornehmste, die nach einem Naturdrang, den unbelebte Dinge nicht haben können, handelt, und wonach allein der Hervorbringende Vater, der Hervorgebrachte Sohn genannt wird.

So betrachtet läßt sich sagen: Das Erzeugen eines Sprößlings durch einen Erzeuger erscheint identisch mit der naturhaften Produktion eines Lebendigen gleicher Substanz durch einen Lebendigen. Und doch fällt nicht jede naturhafte Produktion eines Lebendigen durch einen Lebendigen unter diese Definition. Wenn ein Wurm aus einem Menschen entsteht, wird man ihn jedenfalls nicht als Sprößling des Menschen, diesen nicht als seinen Erzeuger bezeichnen.

Hier ist auch zu beachten: Wäre der Mensch nicht gefallen und hätte er die Natur unversehrt bewahrt, so hätte ihn beim Hervorbringen von Nachkommenschaft nicht der tierische Instinkt, sondern der vernünftige Wille geleitet. Nicht das Begehren, sondern der Wille wäre also im Menschen bei seiner Vermehrung herrschend gewesen, in Nachahmung dessen, nach dessen Bild er geschaffen ist. Im Urstand wäre der Mensch seinem göttlichen Urbild ähnlicher gewesen.

Doch zurück zur Frage, die diese Zwischenbemerkung veranlaßt hat. Daß Gott einen Sohn erzeugt, heißt, daß er naturhaft und seinem Willen gemäß aus seiner Person eine Person hervorbringt, die eine bestimmte Gleichförmigkeit mit seiner Eigentümlichkeit hat. Allen Personen der Dreifaltigkeit ist gemeinsam, die

Fülle der Gottheit zu haben. Das Einmalige des Geistes ist es, sie zu haben und sie keiner Person weiterzugeben. Gemeinsam dagegen ist dem Vater und dem Sohn, sie zu haben und sie weiterzugeben. So besteht ein triftiger Grund, denjenigen Sohn zu nennen, dem der Vater diese Gleichgestalt seiner Eigentümlichkeit und diesen Abdruck seines Urbilds innerlichst einprägte und damit voll ausdrückte. Deshalb wird allein der Sohn richtig als *Ausdruck seiner Substanz* (Kol 1,15; Hebr 1,3) bezeichnet. Sofern der Vater beim Hervorbringen des Heiligen Geistes ihm — sozusagen — diese Gestalt der Abbildlichkeit nicht einprägte, durfte er auch nicht sein Sohn genannt werden, obwohl auch er naturhaft aus ihm hervorging. Wie man denn eben nicht bei jeder naturhaften Hervorbringung eines Existierenden aus einem andern von Erzeuger und Erzeugtem spricht.

Der Heilige Geist ist Bild weder des Vaters noch des Sohnes

XIX.

Anderseits: wie Vater und Sohn es gemeinsam haben, naturhaft die Fülle der Gottheit weiterzuschenken, so haben es Sohn und Geist gemeinsam, die Fülle der Gottheit nicht aus sich selber zu haben. Wenn also der Sohn zu Recht Bild des Vaters genannt wird aufgrund der Ähnlichkeit seiner Eigentümlichkeit mit der väterlichen, warum sollte dann nicht ebenso der Geist als Bild des Sohnes bezeichnet werden, da er wiederum mit diesem die Ähnlichkeit der Eigentümlichkeit gemeinsam hat? Es scheint doch, daß Vater und Sohn dies gemeinsam haben, aus ihrer Person eine Person hervorzubringen, die ihrem Bild ähnlich ist; beide Male scheint der Hervorgehende das Abbild des Hervorbringenden zu sein. Wenn also der Sohn zu Recht Sohn des Ungeborenen heißt, weil dieser ihn aus sich als sein Abbild hervorbringt, warum sollte der Heilige Geist nicht ebenso richtig Sohn des Geborenen heißen, da dieser ihn doch auch gemäß seinem Bilde hervorbringt?[17]

Jedoch wird eine Sache nicht schon aufgrund einer Eigenschaft, die beiden abgeht, als Bild einer andern Sache bezeichnet, sondern aufgrund einer solchen, die beiden eignet. Es wäre doch seltsam, von Ähnlichkeit zu reden, weil zwei eine bestimmte Eigenschaft nicht besitzen. Bei Sohn und Geist ist es so, daß keiner von beiden das göttliche Sein aus sich selber hat. Man kann aber nicht den Stein als ein Bild des Menschen oder diesen als ein Bild des Steins bezeichnen, weil keiner von beiden das Sein aus sich selbst hat noch haben kann. Jedermann sieht, daß dies lächerlich wäre.

Vielleicht wendest du ein: Wie Vater und Sohn es gemeinsam haben, die Fülle der Gottheit zu geben, so ist es dem Sohn und dem Geist gemeinsam, diese Fülle entgegenzunehmen. Weshalb dann nicht auf beiden Seiten die gleiche Art der Verwandtschaft annehmen, entsprechend der obwaltenden Ähnlichkeit?

Doch man beachte: der Heilige Geist nimmt sowohl vom Vater wie vom Sohn entgegen. Und aufgrund des Annehmens als solchen kann er nicht Bild des Vaters heißen, weil doch zwischen dem Gebenden und dem Nehmenden mehr Gegensatz als Ähnlichkeit herrscht. Der Geist kann also nicht in der Hinsicht, in der er dem Vater unähnlich ist, sein Bild oder sein Sohn genannt werden. Ist er aber nicht des einen Sohn, dann auch nicht der des andern, denn er hat ja die gleiche Art der

17 Im Gegensatz zu den Griechen, die sich nicht scheuten, den Geist als Bild des Sohnes zu bezeichnen (vorab um seine Gottheit sicherzustellen: Gregor der Wundertäter, Athanasius, Damascenus), hält sich Richard streng an sein Schema der Prozessionsweisen: da der Geist die Gottheit nicht weitergibt, kann er nicht Bild des Vaters oder des Sohnes sein.

Verwandtschaft zu beiden, da er ja völlig gleicherweise vom Vater wie vom Sohn ausgeht. Und wie er das Ganze vom einen empfängt, so empfängt er es ebenso auch vom andern. Schließlich zeigt die Aussage, daß der Heilige Geist die ganze Fülle erhalten hat, dies: daß er sie nicht aus sich selbst besitzt. Und insofern er sie nicht besitzt, kann er, wie gesagt, nicht Bild eines andern genannt werden. Geht aber ein Hervorgebrachter nicht nach Bild und Gleichnis des Hervorbringenden aus ihm hervor, dann erlaubt der Sprachgebrauch nicht, ihn als gezeugt zu bezeichnen; weder ist dieser Vater, noch ist jener Sohn. Von Adam wird gesagt, er habe nach seinem Bild und Gleichnis gezeugt. Nur für diese Hauptweise des Entstehenlassens verwendet man die Bezeichnung Vater und Sohn.

Und daraus erhellt, daß der Heilige Geist nicht das Bild des Eingeborenen ist und nicht sein Sohn genannt werden soll.

Letzter Grund, weshalb der Sohn Bild des Vaters genannt wird

XX.

Es könnte einer die Ansicht äußern, der Sohn sei deshalb das Bild des Vaters, weil er ihm an Macht, Weisheit und Güte durchweg ähnlich und in allem gleich ist. Wäre das aber der Grund, warum der Sohn Bild des Vaters heißt, dann müßte auch der Heilige Geist nicht minder so genannt werden. Denn wo gesagt wird: "Wie der Vater, so der Sohn", wird sogleich beigefügt: "so der Heilige Geist". Und vorher hieß es: "Allmächtig der Vater, allmächtig der Sohn", und daran schließt an: "allmächtig der Heilige Geist". Es heißt: "Gott ist der Vater, Gott ist der Sohn", und dann wird fortgefahren: "Gott ist der Heilige Geist"[18]. Würde also der Sohn aus solcher Entsprechung heraus Bild des Vaters genannt, weshalb dürfte aufgrund derselben Entsprechung nicht auch vom Geist dasselbe ausgesagt werden?

Man muß hier aber sehr aufmerksam bedenken, daß man, entsprechend dem Maß unserer schwachen Kräfte, etwas von Gott eigentlicher oder weniger eigentlich aussagen kann. In der Heiligen Schrift stehen – anscheinend absichtlich – viele uneigentlichen Ausdrücke, damit unser kurzer Verstand die Dinge besser erfasse; oft aber wird die uneigentliche Aussage durch eine genauere verbessert. So auch wenn gesagt wird: "Ewig ist der Vater, ewig der Sohn, ewig der Heilige Geist", wird sogleich als besserer Ausdruck der Wahrheit hinzugefügt: "und doch nicht drei Ewige, sondern ein Ewiger". Und ebenso wie es heißt: "Allmächtig ist der Vater, allmächtig der Sohn, allmächtig der Heilige Geist", wird wie zur Verbesserung beigefügt: "dennoch nicht drei Allmächtige, sondern ein Allmächtiger". Und wo gesagt wurde: "Gott ist der Vater, Gott der Sohn, Gott der Heilige Geist", heißt es gleich weiter: "und doch nicht drei Götter, sondern ein einziger Gott"[19].

Wo also einfache Einheit, höchste Einfalt herrscht, wie könnten dort Vergleichsworte verwendet werden? Wo die Einheit echt ist, wird man richtiger von Identität als von Gleichheit *(aequalitas)* sprechen. Der Vater ist die Macht, der Sohn ist die Macht, der Heilige Geist ist die Macht; dennoch sind Vater, Sohn und Heiliger Geist die eine und selbige Macht. Und was wir über die Macht sagen, gilt gleicherweise von der Weisheit und durchaus auch von der göttlichen Substanz. Denn Gottes Macht und Weisheit sind nichts anderes als seine Substanz.

18 Symbolum Athanasianum.
19 Symbolum Athanasianum.

In der Menschennatur kann die Substanz eines Sohnes richtig Bild seines Vaters heißen, weil die Substanz des Sohnes und die des Vaters unterschieden sind. In der göttlichen Natur dagegen haben Vater, Sohn und Heiliger Geist eine identische Substanz. Wie wäre da ein Vergleichen möglich, wenn Identität herrscht? In der allereinfachsten Einheit kann es weder Ähnlichkeit noch Unähnlichkeit geben. Nein, das Bildverhältnis zum Vater muß irgendwo gesucht werden, wo gegenseitige Übereinstimmung nicht ohne eine gewisse Verschiedenheit besteht, wo aber auch keine Verschiedenheit ohne beigemischte Vergleichbarkeit waltet.

Um hier weiterzukommen, muß man zur Betrachtung der Eigentümlichkeiten zurückkehren. Die Fülle der Gottheit ist allen gemeinsam. Das Eigentümliche des Vaters aber ist es, sie nicht empfangen zu haben, wohl aber sie zu geben, das des Sohnes, sowohl zu empfangen wie zu geben. Somit liegt die Vergleichbarkeit im Geben, die Unterscheidung im Empfangen. Wie aber diese gegenseitige Vergleichbarkeit den Sohn zum Bild des Vaters macht, das wurde aufs klarste oben gezeigt.

Der Sohn als "Figur" der Substanz des Vaters

XXI.

Man muß aber tiefer graben, wenn man es genauer erfahren will, weshalb Gottes Sohn als *Figur seiner Substanz* (Hebr 1,3) bezeichnet wird. Man kann das auf zwei Arten verstehen. Greifen wir auf menschliche Verhältnisse zurück, um durch einen Spiegel hindurch auf Gott zu blicken, dann gibt es die Figur des Menschen, die seine Substanz ausdrückt, und die Figur eines Bildes, das ihn darstellt. So verschieden beide sind, man kann sie beide Figur nennen. Wo zwei Substanzen vorhanden sind, kann es einerseits eine die Substanz informierende Figur, anderseits eine sie repräsentierende Figur geben.

Nun aber haben Vater und Sohn identisch dieselbe Substanz. So kann man diesbezüglich nicht sagen, der Sohn sei Figur der väterlichen Substanz. Aber wenn er, so betrachtet, nicht als repräsentierende Figur gelten kann, kann er dann als informierende Figur bezeichnet werden? Wenn jedoch der Sohn den Vater informieren[20] würde, würde er ihm Gestalt und Schönheit verleihen, und dann würde nicht sosehr der Sohn vom Vater als der Vater vom Sohn die Schönheit erhalten. Das kann weder die Vernunft annehmen noch der katholische Glaube dulden.

Die Wahrheit bezeugt uns, daß *Gott Geist ist* (Joh 4,24). Wir sollten also für die uns beschäftigende Frage die Geistnatur befragen. Eine geistige Natur ist deine Seele: diese ist je nach deinem Willen geformt und schön oder formlos und häßlich. Geformt durch den guten Willen, ungeformt durch den bösen, schön durch ihr Gutsein, häßlich durch ihre Bosheit. Hieraus kann man entnehmen, was die Figur einer geistigen Substanz ist. Sicherlich kann, durch Gottes Gnade, die gleiche Form der Vollkommenheit deine und meine Seele informieren. Wenn wir also in der Ähnlichkeit des Wollens die Gleichförmigkeit und Konfiguration zwischen Vater und Sohn suchen müssen, dann werden wir ohne Zweifel entdecken: wie es des Vaters Wille ist, daß eine Person aus ihm ausgeht, der er die Liebesfreuden, die er kennt, mitteilen kann, so will auch der Sohn auf genau entsprechende Weise eine solche haben, und er hat sie nach seinem Willen. Dasselbe also, was wir oben anläßlich des Bildes sagten, gilt jetzt von der Figur: man

20 "informare" im Sinn von "die Form verleihen".

muß sie von den personalen Eigentümlichkeiten her deuten, wo eine gegenseitige Übereinstimmung aber nicht ohne eine gewisse Verschiedenheit und eine Verschiedenheit mit beigemischter Übereinstimmung waltet.

Man darf von "geborener" und "ungeborener" Substanz sprechen

XXII.

Zu alldem wirst du vielleicht sagen: Wo keine Vielheit ist, kann keine Gleichgestaltung herrschen. In der wahren Gottheit aber herrscht keine Vielheit der Substanzen, sondern nur solche der Personen; wie kann man also sagen, der Sohn sei Figur der väterlichen Substanz, und nicht vielmehr: der väterlichen Person? Denn, wie gesagt, der Sohn kann nicht Figur genannt werden, als informiere er den Vater, kann aber auch nicht, da beide nur eine Substanz sind, die Figur sein, die die Figur der väterlichen Substanz repräsentiert.

Doch beachte man hier, daß wenn der Apostel den Sohn Figur der väterlichen Substanz nennt, er ebensowohl sagen könnte: Figur der ungeborenen Substanz. Und wenn er sich so ausgedrückt hätte, dann hieße das wiederum nichts anderes als: Figur der ungeborenen Person. Sagst du Vater oder ungeborene Substanz oder ungeborene Person: du bezeichnest damit zweifellos immer die gleiche Person. Gewiß ist die Person des Vaters nichts anderes als die ungeborene Substanz, die Person des Sohnes nichts anderes als die geborene Substanz.

Freilich, heutzutage sind viele aufgestanden[21], die

21 Im folgenden Polemik vornehmlich gegen Lombardus, Sent I, dist 5, 1, der für seine Ablehnung der Formel "substantia genita" zahlreiche Texte von Augustin und Hilarius angeführt hatte. Auch das 4. Laterankonzil will nicht, daß man den Ausdruck verwendet (DS 804). Dazu

das nicht zu sagen wagen, ja sogar, was viel gefährlicher ist, gegen die Autorität der Väter und so zahlreicher Zeugnisse der väterlichen Tradition es zu leugnen wagen und auf jede Art zu widerlegen suchen. Sie wollen absolut nicht zugeben, daß "die Substanz die Substanz gebiert", oder die Weisheit die Weisheit. Hartnäckig leugnen sie, was alle Heiligen bejahen, können aber für ihre eigene Aussage keine Autorität beibringen. Sie sollen, falls sie es können, eine solche beibringen, ich sage nicht mehrere, nur wenigstens eine, die es verneinen würde, daß die Substanz die Substanz gebiert. Übrigens führen sie für unsere Meinung selbst eine große Zahl von Autoritäten an, und ziehen wie Goliat mit einem Schwert in den Kampf, durch das sie selbst umkommen werden.

Doch sie entgegnen: Gerade so muß man die Väter verstehen. Sehr wohl sagen die Väter, die Substanz gebäre die Substanz. Und unsere Auslegung läuft darauf hinaus, daß die Substanz die Substanz nicht gebiert. Wahrlich, eine *treue Auslegung, und aller Glaubhaftigkeit würdig* (Tim 1,15), die da erklärt, die einmütige Meinung der Väter sei falsch, und das, was keiner der Heiligen zu sagen gewagt hat, sei das rechte!

Sie wenden ein: Wenn die Substanz des Sohnes geboren, die des Vaters ungeboren ist, wie soll dann die Substanz beider eine einzige sein? Ganz recht: Die Substanz des Sohnes ist geboren, die des Vaters ungeboren, die ungeborene Substanz ist nicht geboren, die geborene nicht ungeboren. Aber daraus folgt nicht, daß sie zwei Substanzen wären, es sind nur zwei Personen.

In der göttlichen Substanz verhält es sich gewiß anders als in der menschlichen. Wenn in dieser die Sub-

Thomas, S. Th. I, 39, 5 ad 1. In der von Richard gegebenen Erklärung läßt sich die nicht sehr glückliche Formel rechtfertigen. Nach Thomas läßt sich nicht sagen, daß die (göttliche) Substanz die Substanz zeugt (1. c. art 4–5).

stanz des einen geboren, die des andern ungeboren wäre, dann wären ohne möglichen Widerspruch zwei verschiedene Substanzen vorhanden. In der Substanz Gottes ist es dagegen gewiß, daß des einen Substanz ungeboren, die des andern geboren ist, und doch folgt daraus nicht, daß zwei verschiedene Substanzen vorhanden sind, sondern zwei verschiedene Personen.

Das fasse ich nicht, sagst du, das verstehe ich nicht.
Nun, was du mit dem Verstand nicht fassen kannst, das
kannst du mit der Andacht des Glaubens für wahr halten. An dich und deinesgleichen wendet sich das Wort:
Wenn ihr nicht glaubt, werdet ihr nicht verstehen (Jes
7,9). Warum glaubt ihr nicht, was, wie ihr wißt, die all-
gemeine Kirche täglich von Christus bekennt: "Er ist
Gott aus der Substanz des Vaters vor aller Zeit geboren"[22]? Aber vielleicht wollt ihr das nicht glauben,
weil ihr kein Beispiel habt, um es zu beweisen und
dadurch zu verstehen.

Aber begreift ihr es denn mit eurer Vernunft oder
könnt ihr mit einem Beispiel beweisen, daß bei Mehrheit von Personen eine identische Substanz bestehen
kann und bei Einheit der Substanz eine Mehrheit von
Personen? Übersteigt denn das, was ihr so beharrlich
leugnet, das menschliche Begreifen mehr als das, was
ihr mit uns zusammen wahrheitsgemäß bekennt? Wenn
ihr aber für eure Behauptung einen Beweis habt, warum
rückt ihr damit nicht heraus? Warum mißgönnt ihr ihn
euren Brüdern? Und wenn es euch für beide Fälle an
Beweisen fehlt, warum glaubt ihr den heiligen Vätern
im einen Fall und versagt euch ihnen im andern? Wenn
man ihnen mit Recht glaubt, dann ist die Person des
Vaters nichts anderes als die ungeborene Substanz, die
Person des Sohnes nichts anderes als die geborene Substanz.

22 Symbolum Athanasianum.

Sagen wir in Kürze, was wir von der Frage halten: die geborene Substanz ist insofern Figur der ungeborenen Substanz, als sie aus sich selber die gleiche Person hervorbringt, die auch diese hervorbringt (d.h. den Heiligen Geist), daß sie sie auf die gleiche Weise hervorbringt, daß sie Ursache und Ursprung, Urheber und Prinzip der gleichen Gabe ist. Dieselbe Spende der ganzen Fülle ergießt sich unbeschränkt sowohl von der einen wie von der andern, sowohl von der geborenen wie von der ungeborenen Substanz.

Ein Vergleich: mitgeteilte und empfangene
Weisheit

XXIII.

Wenn wir uns um Erforschung und Erhellung der höheren unsichtbaren Wirklichkeiten bemühen, verwenden wir gern die Leiter der Gleichnisbilder, damit auch die emporsteigen können, die die Flügel der Kontemplation noch nicht erhalten haben. In der geschaffenen Natur also, die nach Bild und Gleichnis der göttlichen erschaffen wurde, pflegen wir nach einiger Ähnlichkeit mit der göttlichen zu suchen, um uns von da zum Verständnis Gottes zu erheben.

Gesetzt also, da seien zwei Menschen, deren erster durch eigenes Nachdenken ein Wissen oder eine Fertigkeit erworben hat, und der alles sich daraus Ergebende dem zweiten überliefert und ihn aufs gründlichste in der Sache unterrichtet. Wird nun nicht die gleiche Wissenschaft, die gleiche Wahrheit durchaus im Herzen des einen wie des andern sein? Sonst hätte ja der zweite das Wissen nicht erlernt, das der erste gefunden hat. Einer überliefert die Kenntnis, der andere erwirbt sie. Die des zweiten ist eine empfangene, die des ersten eine durchaus unempfangene. Und doch: worin wären beide Weisheiten verschieden? Alle Wahrheit, die in der einen steckt, ist als ganze auch in der andern, beider Kenntnis ist wesentlich eine. Dennoch ist klar, daß die empfangene Wahrheit nicht unempfangen ist, die unempfangene nicht empfangen genannt werden kann, obschon beide, wie gesagt, wesenhaft dieselbe sind.

Aus der Erwägung *(speculatio)* dieses Sachverhaltes läßt sich entnehmen, wie über das Göttliche gedacht werden soll. Von diesem Beobachtungsposten *(specula)* aus wollen wir zusehen, ob jene, die mit uns zusammen glauben, überzeugt werden können, was einige bezüglich der ungeborenen und der geborenen Substanz zu glauben sich noch nicht entschließen können. Mit uns glauben sie, daß der Vater all seinen Besitz aus sich selber hat. Sie glauben auch mit uns, daß der Sohn vom Vater empfangen hat, was immer er von Ewigkeit her besitzt. So steht fest, daß der Sohn die Fülle der Weisheit vom Vater empfangen hat. Sie stimmen uns auch darin bei, daß die Weisheit des Vaters keine andere ist als die des Sohnes, sondern beider Weisheit vollkommen die gleiche ist. Und doch steht auch fest, daß die Weisheit des Sohnes empfangen, die Weisheit des Vaters unempfangen ist. Ebenso steht fest, daß die unempfangene nicht die empfangene ist, die empfangene nicht die unempfangene, obschon beide zweifellos wesenhaft eins sind. Wer ist nun so einfältig oder schwerfällig, daß er der göttlichen Weisheit abstreiten will, was für die menschliche Weisheit als möglich erscheint?

Doch gehen wir der Sache noch näher nach. Wir wissen alle, daß der Sohn das Sein vom Vater hat, durch die väterliche Erzeugung, und wenn er durch diese Erzeugung das Sein hat, dann gewiß auch das Wissen, denn beides ist in Gott identisch. Sein und Weisheit stammen für ihn vom gleichen her. Hat er aber das Sein durch Zeugung erhalten, dann folgt, daß sein Sein ein gezeugtes ist. Es folgt auch, daß die Weisheit des Sohnes, oder besser noch: die Weisheit-Sohn aus dem Vater gezeugt ist. Beides besagt dasselbe: daß der Vater dem Sohn die Weisheit gab, die der Sohn empfing — und daß der Vater ihn, der die Weisheit ist, gezeugt hat. Denn indem er den Sohn zeugt, beschenkt er ihn, und indem er ihn beschenkt, zeugt er ihn. So wird vom Sohn zu Recht gesagt, er sei die gezeugte Weisheit, wie der Vater die ungezeugte genannt wird. Und gar nichts weiß der eine, was nicht auch der andere wüßte. Auf beiden Seiten also ein und dieselbe Weisheit, obschon die ungezeugte nicht die gezeugte, diese nicht jene ist.

Wenn aber der Sohn die gezeugte Weisheit ist, dann ist er auch die gezeugte Substanz. Sind doch Weisheit und Substanz in ihm identisch. Was über die gezeugte und ungezeugte Weisheit gesagt wurde, gilt infolgedessen genauso von der gezeugten und ungezeugten Substanz.

Grundlos also scheuen sich einige zu sagen, die Substanz erzeuge die Substanz, die Weisheit die Weisheit, und der Vater sei ungezeugte Substanz, der Sohn dagegen gezeugte, als folge daraus, daß die ungezeugte Substanz eine andere sei als die gezeugte. Wir sagten es schon: daraus, daß der Vater die ungezeugte, der Sohn die gezeugte Substanz ist, folgt nicht, daß es zwei Substanzen, sondern nur, daß es zwei Personen gibt.

XXIV.

Um dies aber noch besser zu erhärten, wollen wir das oben vorgelegte Beispiel nochmals sorgsamer durchgehen. Wir zeigten, daß das gleiche Wissen in zweien sein kann, wenn der eine die Kenntnis einer Kunst dem andern vollständig lehrt. Wenn so das Wort "Lehre" sowohl aktiv wie passiv gebraucht wird, als das, was der eine vermittelt und der andere empfängt, dann wird unter dieser Rücksicht die Lehre gewiß eine doppelte sein: die des einen nicht die des andern. Wie man Wissenschaft von wissen her sagt, so Lehre von lehren. Die Kenntnis ist auf beiden Seiten dieselbe, aber die Lehrtätigkeit nicht, denn der eine lehrt, der andere wird belehrt, der eine unterweist, der andere wird unterwiesen. Im einen ist also die lehrende Lehre, im andern die lernende Lehre. So ist in beiden die Lehre verschieden. Insofern kann deine Lehre und meine Lehre je eine andere sein, obschon im Lernenden wie im Lehrenden das Wissen dasselbe ist. Und wenn bei uns Menschen das Wissen eines jeden eins sein könnte mit seiner Substanz, dann könnte jeder die gleiche Substanz haben wie der andere, so wie er die gleiche Kenntnis besitzt. Und wenn bei uns Menschen eines jeden Person eins sein könnte mit seiner Lehre, dann wären nichtsdestoweniger die Personen wie die Lehre unterschieden: deine und meine.

Wenn mein Wissen sich aus dem deinen herleitet, wird dann nicht auch das meine durch das deine erzeugt? Und wenn unter Menschen Wissen durch Wissen erzeugt wird, warum soll man nicht noch viel richtiger sagen dürfen, daß in Gott Weisheit durch Weisheit erzeugt wird, wo Weisheit und Sein völlig eins sind? Wie unter uns Menschen die lehrende und die lernende Wissenschaft eine und dieselbe sind, obschon verschiedene Lehrtätigkeit herrscht, so sind in der göttlichen Natur die zeugende und die gezeugte Weisheit ein und dieselbe, folglich auch die Substanz eine und dieselbe, während die Personen sich unterscheiden. Wie in der Menschennatur daraus, daß einer eine empfangene, der andere eine unempfangene Wissenschaft hat, und die empfangene nicht die unempfangene ist, keineswegs folgt, daß verschiedene Wissenschaften bestehen, sondern nur ein Unterschied in der Lehrtätigkeit, so folgt in der göttlichen Natur daraus, daß des einen Substanz gezeugt, die des andern ungezeugt, und die gezeugte nicht die ungezeugte ist, keineswegs, daß da zwei Substanzen sind, sondern nur zwei Personen.

XXV.

Wir nannten den Vater ungezeugte Substanz, den Sohn gezeugte Substanz. Vom Heiligen Geist muß ausgesagt sein, daß er weder gezeugte noch ungezeugte Substanz ist. Wie das zu verstehen ist, ist aus dem früher Gesagten klar. Obwohl aber der Vater ungezeugte, der Sohn gezeugte Substanz heißt und der Geist weder ungezeugte noch gezeugte Substanz, sind doch Vater, Sohn und Heiliger Geist eine einzige Substanz, so wie eine einzige Weisheit. Denn, wie schon oft gesagt: in Gott sind Substanz und Weisheit identisch.

Das wird verständlicher, wenn wir das obige Gleichnis noch etwas ausführen. Setzen wir drei Menschen: der eine hat ein bestimmtes Wissen gefunden und lehrt es, der zweite hat es vom Erfinder gelernt und aufgezeichnet, der dritte liest es und versteht es: dann hat der erste das Wissen aus sich allein, der zweite hat es nur vom ersten, der dritte hat es vom ersten wie vom zweiten. Denn dadurch, daß der erste es fand und der zweite es aufzeichnete, gelangte es zur Kenntnis des dritten.

Wenn also alle drei die Wahrheit voll und ohne Abstrich verstehen, kann, was das Wesen dieser Wahrheit angeht, die Kenntnis in allen dreien nur die gleiche sein. Und gesetzt selbst, jener, der durch Hören lernte, hätte durch Lesen gelernt, und der andere, der durch Lesen lernte, hätte durch Hören gelernt: würde denn dadurch die errungene Kenntnis in den beiden verschieden?

Wenn also in den drei Personen eine identische Kenntnis vorhanden sein kann, warum sollte nicht um so mehr von den dreien in der Dreifaltigkeit geglaubt werden, daß sie eine und dieselbe Weisheit sind?

Und doch ist die Weisheit, die von einem Einzigen empfangen wurde, nicht die Weisheit, die von niemandem empfangen wurde, und die Weisheit, die von zweien her empfangen wurde, ist nicht die Weisheit, die von keinem oder bloß von einem empfangen wurde. Trotzdem ist sie in allen Personen die eine und selbe Weisheit und infolgedessen auch die eine und selbe Substanz. Aber der Vater hat seine Substanz wie seine Weisheit von keinem andern, der Sohn hat seine Substanz allein vom Vater, der Heilige Geist hat seine Substanz vom Vater wie vom Sohn. Alles von der Weisheit Gesagte läßt sich auf die Substanz übertragen, denn beide sind in der Gottheit identisch.

Und wenn das Wissen eines gelehrten Menschen die ganze Disziplin beherrscht, und dies besagt, daß das Lernbare ausgeschöpft sei *(disci-plina = discentia plena)*, und wir in dieses Wort eine Beziehung auf den Vorgang des Lernens hineinlegen, dann ist die Disziplin jeweils eine andere, in dem, der sie ausgedacht hat, in dem, der sie durch Hören erlernt und in dem, der sie sich durch Lesen erworben hat.

Insofern kann es unter Menschen eine dreifache Disziplin geben, wenn auch deren Inhalt immer der gleiche ist. Was Wunder also, wenn in jener Natur, wo Substanz und Weisheit zusammenfallen, drei Personen bestehen können, auch wenn nur eine Substanz ist. Da hast du denn ein klares, durchsichtiges Beispiel, das dir bestätigt, was der katholische Glaube von der göttlichen Einheit und Dreifaltigkeit bekennt.

Noch eine Überlegung: Hätten ich und du und ein anderer genau die gleiche Kenntnis: wäre dann meine und seine zusammen etwas Größeres als deine allein, oder meine und deine als seine allein, oder deine und seine als meine allein? Und schließlich: wären meine und deine und seine zusammen etwas Größeres als meine allein oder deine oder seine allein? Wer das behauptet, weiß nicht, was er sagt.

So sind auch in der Dreifaltigkeit beliebige zwei Personen oder alle drei nicht zusammengenommen etwas Größeres als die eine Person des Ungeborenen oder die eine des Geborenen oder die des Heiligen Geistes.

Am Ende unseres Werkes wollen wir wiederholen und dem Gedächtnis einprägen, was aus dem Gesagten deutlich genug geworden ist: daß aus der Erwägung der Allmacht leicht ersehen werden kann, daß Gott nur einer ist und sein kann, aus der Fülle seiner Güte aber, daß er dreipersönlich ist, aus der Fülle der Weisheit aber, wie die Einheit der Substanz mit der Vielheit der Personen im Einklang steht.